D1723719

rororo sport
Herausgegeben von Bernd Gottwald

Günter Frey

Skitouren

Ein Ratgeber für die Praxis

Rowohlt

Der Verfasser bedankt sich für die Mitarbeit beim Anfertigen eines Teils der Fotos bei Gerald Baiker, Joachim Baumgartner, Christine und Sebastian Frey, Wilfried Gfrörer, Kurt Knirsch, Jörn Leichs, Fred Maye, Reiner Pfeiffer, Anke Stoermer und Michael Wagner.

Originalausgabe
Layout Susanne Jarchow
Umschlaggestaltung Büro Hamburg
(Foto: Dieter Menne)
Fotos: Günter Frey
Veröffentlicht im Rowohlt Taschenbuch Verlag GmbH,
Reinbek bei Hamburg, Dezember 1990
Copyright © 1990 by Rowohlt Taschenbuch Verlag GmbH,
Reinbek bei Hamburg
Satz Times (Linotronic 500)
Gesamtherstellung Clausen & Bosse, Leck
Printed in Germany
1480-ISBN 3 499 18653 5

Inhalt

Vorbereitung vor Ort

Der Aufstieg mit Ski

Vom Skidepot zum Gipfel

Abstieg und Abfahrt

Der Unfall

Anhang

Skitouren gestern und heute

Seit Menschengedenken benutzten die Jäger im Winter eine Art Ski zur Fortbewegung. Tourenskilauf als Freizeitvergnügen gab es erst sehr viel später. Die Grönland-Durchquerung Fritjof Nansens regte 1896, dem Jahr der ersten Olympischen Spiele, Wilhelm Paulcke und seine Gefährten an, den 3328 m hohen Oberalpstock bei Disentis in Graubünden zu besteigen.

Die langen Südwesthänge dieser Granitpyramide ins Val Strem nach Sedrun hinunter (Foto links) zählen auch heute noch zu den Abfahrtsträumen vieler Skitouren-Freaks. Wer mit einer modernen Ausrüstung nach nur zweieinhalb Stunden ab der Bergstation der damals noch nicht vorhandenen Acletta-Bahn am Gipfel des Oberalpstocks Richtung Wallis blickt, dem nötigt die Leistung jener Männer mit ihren vorsintflutlichen Schuhen und «Skiern» aus gebogenem Eschenholz gehörigen Respekt ab. Sicher haben sie nicht den Abfahrtsgenuß gehabt, den die Errungenschaften unserer fortschrittlichen Skiindustrie bieten, wohl aber ein unverfälschtes, grandioses Erlebnis.

Paulckes Unternehmung machte Schule. Innerhalb der ersten zehn Jahre unseres Jahrhunderts, also etwa 50 bis 100 Jahre nach der Erstbesteigung der meisten Alpengipfel, wurden viele dieser Berge auch mit Skiern bezwungen, darunter 1900 der Großvenediger in Osttirol und 1904 der Mont Blanc über Chamonix.

Im Vergleich zu heute waren es dennoch nur verhältnismäßig wenig Verwegene, die dieser Leidenschaft frönten. Solche Pioniere gibt es zwar

Mit Tourenski zur Zeit der Mandelblüte an der Côte d'Azur: «Reicht die Schneelage für die einsame Durchquerung des korsischen Inselgebirges aus?» Solche Sorgen hatten die Alpinväter vor einhundert Jahren ohne Zweifel nicht, doch bis heute geblieben ist die allen Bergsteigern gemeinsame Suche nach ständig neuen Möglichkeiten des Erlebens – ein Erleben, das oft durch das Auf-sich-alleine-gestellt-Sein und das Sich-Bewähren in der so erhaltenswerten Natur zur Lebenserfüllung wird.

noch immer – und inzwischen steigen sie mit Skiern auf Achttausender und befahren Steilwände, die im Sommer zu den klassischen Eistouren zählen –, aber seit etwa einer Generation hat sich der Sport darüber hinaus zu einem ausgesprochenen Massenphänomen entwickelt. Die Natursportarten finden ständig mehr begeisterte Anhänger. In unserer hochentwickelten Gesellschaft mit ihrem permanenten Streben nach maximaler Lebenssicherung gibt es innerhalb des Berufsalltags oft zuwenig Selbstbewährungsaufgaben. Diese bietet kompensierend das Erlebnisfeld «Alpinismus» – ganzheitliche und überschaubare Situationen der Herausforderung, der Aufgabenbewältigung durch eigenverantwortliches Handeln.

Auch vermittelt der Bergsport Gefühle – nach ihnen dürfte der eher «downhill» orientierte Variantenfahrer neben der Piste wohl überwiegend trachten –, die man als «lustvoll» bezeichnen kann, beim Skifahren im stiebenden Pulverschnee, dem «Zeichnen» der Hänge, bei ausgesetztem Klettern in rauhem Granit, beim Befahren glasklarer, gurgelnder Wildwasser oder beim Gleitschirmfliegen in der Abendsonne.

So einen Berg mit Ski zu besteigen ist ein Erlebnis, das um so nachhaltiger wirkt, je mehr der einzelne persönlich zur Lösung dieser herausfordernden Aufgabe beigetragen hat.

Inzwischen sind es nach seriösen Schätzungen rund 30 Millionen Menschen, die jährlich diesen Hobbies im Alpenraum nachgehen. Und es ist nicht verwunderlich, daß die Hälfte der 500000 Mitglieder des bereits 1869 gegründeten Deutschen Alpenvereins in den letzten zehn Jahren eingetreten ist. Während desselben Zeitraums vergrößerten sich beispielsweise der Deutsche Leichtathletik- und Schwimmverband gegenüber diesen 100 Prozent um 19 bzw. 0,8 Prozent.

Im Zuge des Natursport-Booms wandten sich immer mehr Menschen auch dem Tourenskilauf zu, viele, weil sie das entdeckten, was die eingefleischten Skibergsteiger schon längst zu wissen glaubten: Skimetropolen gestatten ab einer gewissen Größe nur noch das erlebnismindernde oder gar -verhindernde Konsumieren eines vorprogrammierten Massenangebots. Wer das Suchen eines bezahlbaren Quartiers oder eines Parkplatzes, das endlose Warten an der Kabinenbahn und am Lift, das Schlangestehen beim Mittagessen, das Rutschen auf überfüllter und präparierter Piste satt hat und wer das Anbrechen eines neuen Morgens, die Einsamkeit und Ruhe des winterlichen Hochgebirges, seine Schönheit, Wildheit und Unberührtheit, die Befriedigung nach dem beschaulichen Aufstieg bei Brotzeit und Rundblick am Gipfel liebt, sich für eine lange, genußvolle Firn- oder Pulverabfahrt begeistert, aber auch für das Durchhalten bei

Außerhalb der Piste wartet das Glück, das Glück des beschaulichen Aufstiegs…

Wind und Kälte sowie für die Herausforderung eines fast nicht mehr fahrbaren Bruchharsches oder Steilhangs, der wird bei den Ursprüngen des Skilaufs, dem Tourenskilauf, bleiben, dorthin zurückkehren oder ihn zumindest als lohnende Ergänzung seiner skifahrerischen Aktivitäten betrachten.

Danach zu streben ist das Recht jedes einzelnen, doch sind damit leider große Gefahren verbunden, Gefahren für den im Gebirge oft unkundigen Menschen selbst, dessen Risikofühligkeit zivilisationsbedingt weitgehend verkümmert ist, und Gefahren für die Natur, die Umweltbelastung durch ihre «Liebhaber». Durchschnittlich 100 Lawinentote pro Jahr und ein inzwischen die Lebensgrundlagen im Alpenraum bedrohendes Sterben des Bergwaldes (auch) durch die Abgase der Bergsteigerautos bestätigen diese Aussage in drastischer Form.

Zusammenfassend könnte man sich den Skitourenläufer folgendermaßen vorstellen: Er soll längerfristig das *selbständige* Planen und Handeln anstreben, was aber keinesfalls ausschließt, daß er sich als Anfänger erfahrenen Freunden oder einem Bergführer anvertraut, um von diesen zu lernen – nicht etwa nur, um ihnen einfach hinterherzulaufen. Der irgendwann eigenverantwortlich Handelnde erlebt mehr und intensiver.

Zweitens brauchen wir *gefahrenbewußte* Anhänger dieser faszinierenden Mischung aus Bergsteigen und Skifahren. Argloser Übermut, kopfloses

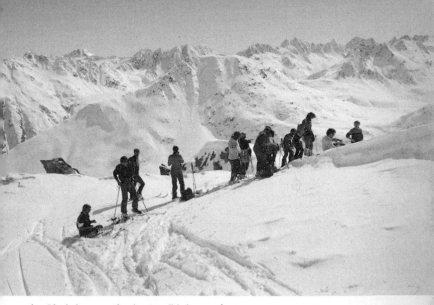

…das Glück des ergreifenden Rundblicks von oben…

…das Glück der berauschenden Abfahrt!

Draufgängertum und arrogante Selbstüberschätzung in Verbindung mit Materialgläubigkeit und Überausrüstung sind nicht gerade die richtigen Eigenschaften hierfür. Kontrollierte Entschlossenheit ist etwas ganz anderes, genauso wie Mut nicht das geringste mit Leichtsinn zu tun hat. Und eine gewisse «kalkulierende Sachlichkeit» mindert das Bergerlebnis in keiner Weise. Wir brauchen keine heroischen Kamikaze, die «weder Tod noch Teufel fürchten» und sich in einem Anfall falsch verstandener Männlichkeit in lawinengefährliche Tiefschneehänge stürzen.

Drittens muß jeder, der die Natur nutzt, auch bereit sein, sie zu schützen. Allein die Selbständigkeit leistet in diesem Zusammenhang schon einen gewissen Beitrag. Nur der Unselbständige wird als weitgehend «unbeteiligter Mittrotter», der das «entabenteuerte» Abenteuer «erlebt», und als kommerziell lukratives Massenobjekt unbewußt den Ausverkauf der Gebirge und die Zerstörung des Alpenraums fördern. Insofern ist Selbständigkeit nicht nur ein Stück Identitätsbildung und (auf Dauer gesehen) ein Stück Risikominderung, sie ist auch ein Stück Umweltschutz. Darüber hinaus sollte sich natürlich jeder selbst *umweltbewußt* verhalten. Unabhängig von der politischen Gesinnung ist mit einem Wertewandel in unserer Gesellschaft das ökologische Bewußtsein gewachsen.

Dieser selbständige, gefahren- und umweltbewußte Skibergsteiger ist eine Zielvorstellung, die diesem Buch zugrunde liegt. Er sollte
● das Skifahren – der neueste Modeschwung ist dabei nicht so wichtig – unbedingt beherrschen,
● konditionell fit und
● richtig ausgerüstet sein,
● einiges über Vorbereitung und Durchführung von Skitouren wissen.

Das alles ersetzt aber nicht die *alpine Erfahrung* als wichtigste Qualifikation! Eine solche Vorbemerkung ist wichtig, wenn nun die Vermittlung von «bloßem» Wissen im Vordergrund steht; denn Erfahrung kann nur durch ein allmähliches Herantasten an das Skibergsteigen in der Praxis erworben werden, nicht durch das reine Literaturstudium.

Dieses Buch kann dabei allerdings Hilfestellung geben. Es ist nicht nach isolierten Sachgebieten gegliedert, sondern (die Selbständigkeit des Lesers fördernd) nach dem tatsächlichen Ablauf einer Skitour. Das erforderliche Wissen wird in Form praxisnaher Handlungsanweisungen und vieler Fotos vermittelt, d. h., das Buch begleitet den Interessierten von zu Hause bis auf den Gipfel und wieder hinunter. Es «leiht» ihm von anderen gemachte Erfahrung, denn diese zu sammeln darf nicht bedeuten, nach dem Prinzip «Versuch und (womöglich tödlicher) Irrtum» durch das Gebirge zu «stolpern». Die Anwendung und Überprüfung des Angebotenen vor und während der Tour wird sich im Laufe der Zeit mit eigenem Können und eigener Erfahrung paaren.

Vorbereitung zu Hause

Die Gruppengröße

Alleingeher und Zweier-Teams leben außerhalb der Piste gefährlich. Am günstigsten sind drei bis sechs Personen, insbesondere im hochalpinen Bereich. Bei leichteren Touren sind auch zehn Personen vertretbar.

Die Gruppenzusammensetzung

Gehe nie mit Draufgängern! Gehe nie mit dir unbekannten Personen, deren alpine Erfahrung, Können und Kondition du nicht kennst – es sei denn auf eine leichte Tour!

Bei hochalpinen Unternehmungen sollte die Gruppe homogen sein! Heterogene Gruppen suchen sich am besten «leichte» Berge aus, die wenig stark geneigt und weitgehend lawinensicher, nicht zu abgelegen und übersichtlich sind. Im Grunde gibt es solche Berge überall, jedoch können weitere Anhaltspunkte gegeben werden: Der Tourenneuling sollte nicht gleich den sehr hohen und vergletscherten Zentralalpenkamm aufsuchen.

Wer allein auf Skitour geht, riskiert viel, z. B. wegen eines im Grunde harmlosen Beinbruchs nachts zu erfrieren, wenn er nicht zufällig gefunden wird. Geht man zu zweit auf Tour, müßte der Verletzte zumindest allein zurückgelassen werden, solange der andere Hilfe holt.

Ideal sind Gruppen von mindestens drei bis maximal zehn Personen. So kann man sich jederzeit gegenseitig helfen, ohne daß das Ganze gleich zu einem Massenausflug ausartet.

Die südlichen und insbesondere nördlichen Kalkalpen sind für ihn geeigneter. Selbstverständlich wird damit keinesfalls etwa die Ungefährlichkeit dieser Alpenregion festgestellt. Risikoreiche Hänge gibt es überall; man denke nur an die lawinengefährlichen Grasberge des Allgäus.

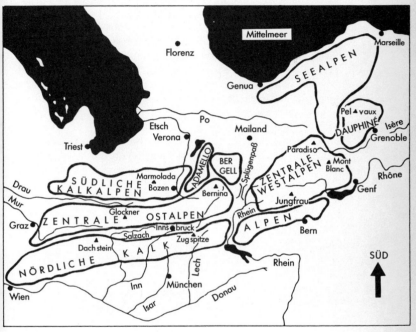

Alpengebiete (modifiziert nach DAV 1977, 80)

Die Jahreszeit

Der Hochwinter des *Dezember* und *Januar* ist in bestimmten Bereichen wegen der häufig ungefestigten Neuschneemengen (Lawinengefahr) und der noch nicht tragfähigen Schneebrücken über den Gletscherspalten gefährlich. Unterhalb einer Höhe von etwa 2000 m, wo es kein zerklüftetes Eis gibt und sich der Schnee schneller setzt als in den Hochlagen, sind Touren eher möglich, aber dann befinden wir uns in der Baumregion und sollten uns im Hinblick auf Wild und Aufforstungs- bzw. Jungwuchsflächen besonders umweltbewußt verhalten (vgl. Seite 89, 166–169). Und gefahrenbewußt, denn wenn es noch keine solide Unterlage gibt, dann läßt man sich, um die Ski zu schonen und um in den Genuß des begehrten «Pulvertraums» zu kommen, allzu gern in lawinengefährliche Triebschneerinnen locken (vgl. Seite 94–99, 162–164).

Ende *Februar* beginnt dann der «Skifrühling». Bei Sonne und Frost bietet vor allem der *März* noch herrliche Pulverabfahrten an schattigen Nordhängen, während auf der Sonnenseite super Firnschnee (angetauter

Gletscherbereiche oberhalb der Almreviere sollten tief verschneit sein, bevor sie aufgesucht werden. Die Schneebrücken über den Spalten müssen tragen, d. h. gesetzt, mehrfach durchfeuchtet und wieder gefroren sein. Und der Skitourist benötigt ein bestimmtes Wissen, um sich dort risikolos bewegen zu können (vgl. Seite 105–114, 164–166).

Harsch) lockt (vgl. Seite 147–148). Fährt man die Rippe eines Osthanges links oder rechts hinunter, so kann man sich über beide so gegensätzlichen Schneearten freuen und je nach Geschmack wählen.

April und insbesondere *Mai* bis Ende *Juni* eignen sich für ausgesprochene Hochgebirgsausfahrten um 3000 m und mehr, z. B. in den Westalpen. Selbst schattenseitig können wir jetzt Firn finden, und vor allem sind die Tage für so ausgedehnte Unternehmungen im Gegensatz zum Hochwinter lang genug.

Wer noch immer nicht auf seine Kosten kam, dem bleibt schließlich der *Juli*, denn August und September sind wegen des nun zum Vorschein kommenden und mit kleinen Steinchen übersäten Blankeises ungeeignet. Das Vergnügen ist kurz. Morgens bleibt der Untergrund lange beinhart gefroren und geht dann sehr schnell in sumpfigen Sulzschnee über. Es ist ein Umweltärgernis, daß die Gletscherwelt für den Massentourismus der Pisten-Sommerskiläufer erschlossen und die Trinkwasserversorgung nachweislich wegen dieses mickrigen Skivergnügens gefährdet wird, aber in Kombination mit Fels- und Eisklettertouren erleichtern dem sich aus eigener Kraft bewegenden Bergsteiger die Ski den Auf- und Abstieg zur jeweiligen Route teils doch erheblich. Besser schlecht gefahren als stundenlang über den Gletscher «gehatscht».

Die Ferientermine

Durch die zunehmende Zahl der Skitouristen wird es immer wichtiger, Jahreszeit und Tour auch unter dem Gesichtspunkt der Ferientermine zu betrachten. Wenn es irgendwie möglich ist, dann sollte man zeitlich versetzt zu den ausgesprochenen «Stoßzeiten» gehen. An Ostern und Pfingsten sind viele Hütten hoffnungslos überfüllt, und ab Mitte Juli kommt zu Fuß der Troß der Eisbergsteiger. Geht man das letzte Wochenende im Juni, wird man auf dem Gletscher, am Berg und in den Hütten vielleicht noch drei andere Seilschaften finden und kann die Beschaulichkeit und Ruhe des winterlichen Gebirges genießen! Und man kann natürlich so frequentierte Bereiche überhaupt weitgehend meiden. Dann bieten die Alpen trotz der Expansion des Fremdenverkehrs noch reichlich Einsamkeit. Das gesuchte Erlebnis finden wir auf vielen verschneiten Bergen, nicht nur auf den überlaufenen «Klassikern». Darauf kommt es letztendlich an, weniger auf ein am Stammtisch «vorzeigbares» Tourenbuch.

Welche Bedeutung der Jahreszeit im Rahmen der Tourenplanung zukommt, zeigen die Schneeverhältnisse an der Abfahrtsrippe dieses ca. 2600 m hohen Berges. Oben: Anfang März. Unten: Mitte April.

Die Route

Lasse dich als Anfänger von der Literatur leiten, d. h., greife zunächst auf bewährte Skirouten zurück und denke dir keine eigenen aus! Skiführer und Karten mit eingezeichneten Touren sind dabei eine Hilfe. Es sind genügend Bücher auf dem Markt, die dem Anfänger und Fortgeschrittenen bei der Auswahl seiner Ziele helfen – von der leichten Tour bis hin zur Steilwandabfahrt.

Geeignete Karten müssen den Maßstab 1 : 25 000 oder wenigstens 1 : 50 000 haben. Karten 1 : 100 000 dienen höchstens als Übersichtskarte, z. B. um von einem Gipfel aus das entferntere Panorama bestimmen zu können. Zur Routenplanung taugen sie nicht. Und die Abstände der so wichtigen Höhenlinien dürfen nur 20 m, keinesfalls aber 50 m oder gar 100 m betragen. Suche auf der Karte nach möglichen *Stützpunkten* wie Hütten oder Biwakschachteln (Etappenziel, Pause, Ausrüstungsdepot, Rückzug bei Wetterumschwung, Hilfe im Notfall)! Erkundige dich aber vorher, ob die Hütte auch offen ist oder wo man den Schlüssel für den Winterraum bekommt! Am besten bestellt man sich beim Buchhandel das Hüttenverzeichnis des Deutschen und Österreichischen Alpenvereins bzw. des Schweizer Alpenclubs mit diesbezüglichen Informationen.

So sollte man eine Hütte, in der man zu übernachten gedachte, nicht antreffen. Zur Vorbereitung einer Skitour gehört die Erkundung der Öffnungszeiten.

Die gepflegtesten Hütten für den Skibergsteiger sind im allgemeinen in der Schweiz zu finden. Viele sind im Winter, obwohl der Wirt nur im Sommer da ist, nicht verschlossen. Man kann das Mitgebrachte kochen und sich sogar ein Getränk aus dem Schrank nehmen, das man mit der Übernachtung zusammen bezahlt. Leider funktioniert dieses System nicht überall so gut wie bei den Eidgenossen. Ist es ein Genuß, hier auf Tour zu gehen, so findet man andernorts – und das liegt an einigen «Bergsteigern» selbst – die Winterräume in einem teilweise katastrophalen Zustand vor. Mache dir stets klar, daß du zu Gast bist und noch andere nach dir kommen!

Lasse dich bei der Routenwahl von der *Hangrichtung* leiten! Ost- und Nordhänge sind im allgemeinen lawinengefährlicher als West- und Südhänge (vgl. Seite 94–96).

Kennt man die Funktion der Höhenlinien und kann man sie richtig deuten, d. h. sich in Gedanken ein Bild des entsprechenden Geländes machen, bietet die Karte eindeutige Aussagen zur *Hangneigung*. Liegen die Höhenlinien eng zusammen, ist der Hang ziemlich steil; hier gehen häufiger kleine Lawinen ab. Liegen sie weit auseinander, ist der Hang flach, die Schneedecke geringeren Spannungen ausgesetzt. Am gefährlichsten sind mittelmäßig geneigte Hänge von 25/30° bis 45/50°; hier werden von Skitouristen die meisten und größten Lawinen ausgelöst (vgl. Seite 92–94).

Wenn du «Größeres» planst: Entnehme der Karte weitere *Gefahrenquellen*, wie Gletscherspaltenbereiche, Grate oder Felsabbrüche! Dies ist insbesondere auch für die Abfahrt wichtig, vor allem bei Nebel und Schneetreiben. Und von oben erkennt man ohnehin nur die flacheren Streckenabschnitte, während Steilstufen vielfach verdeckt sind. Nur dann, wenn man nach dem Studium der Karte weiß, daß ein Durchkommen möglich ist, sollte man abfahren!

Einem Kartenzentimeter der eingezeichneten, numerierten und auf der Kartenrück-
seite kurz beschriebenen Skirouten entsprechen in der Natur ...

... beim Maßstab 1: 25 000 genau   25 000 cm =   250 m,
... beim Maßstab 1: 50 000 genau   50 000 cm =   500 m,
... beim Maßstab 1:100 000 genau 100 000 cm = 1 000 m.

Auf einer Höhenlinie liegen alle Punkte gleicher Höhe. In dieser Karte beträgt die
Äquidistanz (der Höhenlinienabstand) 20 m, d. h., von Linie zu Linie steigt oder fällt
das Gelände um diesen Betrag. Der Aufstieg von der durch einen Kreis gekenn-
zeichneten Hütte zum Finsteraarhorn ist demzufolge wesentlich steiler als der über
den Fieschergletscher. Alle Hunderter-Höhenlinien sind dicker und mit einer Höhenangabe, z. B. 3400, versehen. Die Karte ist außerdem schraffiert. Dadurch kommt
die Steilheit des Felsbereiches besonders deutlich heraus. Einer plastischen Aufnahme des Geländeprofils durch das Auge dient auch die «Schummerung» der
Karte, d. h. die Nordwest-Beleuchtung. Im Nordwesten des Fiescher Gabelhorns
(281) ist der Flächenton heller, im Südosten (233) dunkler (schattiger).

Die Profilskizze

Die Höhenlinien sagen natürlich nicht nur etwas über die mögliche Lawinengefahr aus, sondern auch einiges über den *Anstrengungsgrad* des Vorhabens, die zu bewältigenden Aufstiegs- und Abfahrtsmeter. Wer anfangs noch nicht den richtigen «Kartenblick» hat, sollte sich daher gegebenenfalls eine kleine Profilskizze erstellen. Dabei kann man sich außerdem nochmals das Wichtigste der geplanten Tour einprägen.

Die Gehzeit

Die Gehzeit ist für das Aufbrechen am Morgen, das bereits den optimalen Abfahrtszeitpunkt berücksichtigen muß, wichtig. Bei Firnschnee liegt er oft zwischen 10 und 11.30 Uhr, bei Pulverhängen und Bruchharsch eilt es weniger. Mit zunehmender Erwärmung kann aber eine zu späte Abfahrt

Profilskizze einer geplanten Skitour: In der Waagerechten trägt man die Entfernungen, in der Senkrechten die zu überwindende Höhe ab.

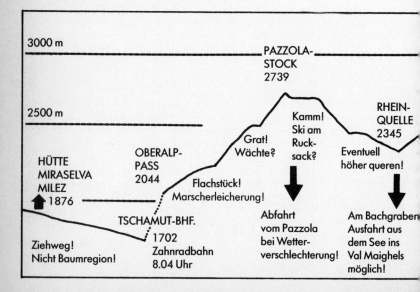

gefährlich werden. Als grober Richtwert gilt für den Aufstieg:
● wenig Spurarbeit: 400 Höhenmeter oder 5 km pro Stunde
● schwere Spurarbeit: 300 Höhenmeter oder 4 km pro Stunde
Es darf aber nicht übersehen werden, daß die Kondition mit zunehmender Länge der Tour eventuell nachläßt und bei Unternehmungen oberhalb von 3000 m die Leistungsfähigkeit vielfach schon von vornherein geringer ist als bei Touren z. B. in den Voralpen.
Für die Berechnung der gesamten Anstiegszeit benötigt man nun die Zeitwerte der Horizontal- und Vertikalentfernung. Man nimmt den größeren von beiden und zählt den halbierten kleineren dazu. Ein Beispiel:

8 Kilometer $\hat{=}$ 2 Stunden
900 Höhenmeter $\hat{=}$ 3 Stunden   (Spurarbeit; Gruppe)
Reine Gehzeit: 3 + 1 = 4 Stunden.

In diesem Fall würde man (unter Berücksichtigung von Pausen, «technischen Halts» und der Gipfelrast) grob von 5 Stunden ausgehen – eine bereits «gehobene» Skitour. Wenn die Abfahrt wegen des Auffirnens (vgl. Seite 148, 157–159) gegen 11 Uhr geplant ist, dann bedeutet dies:

Aufbruch   06 Uhr;   Wecken   05 Uhr.

Für die Abfahrt müssen wir mit einer Stunde pro 1000 Tiefenmeter rechnen.

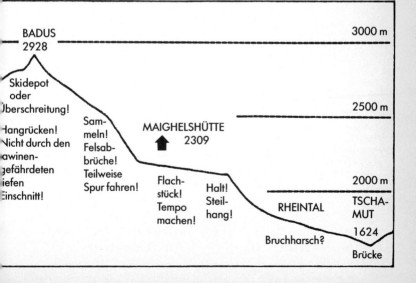

Eine solche Skitour, wie hier zum Piz Maler bei Sedrun, setzt voraus, daß man sich schon im Vorfeld gründlich Gedanken über Route, Höhenmeter, Anstiegsdauer und Abfahrtszeitpunkt gemacht hat. Und sie darf nur bei gutem Wetter und lawinensicheren Schneeverhältnissen unternommen werden.

Die Großwetterlage

Jeder Skibergsteiger kann sich ausführlichst mit dem so wichtigen Wetter im Alpin-Lehrplan 9 befassen, doch sollte er zumindest die für Touren mehr oder weniger geeigneten *typischen* Alpenwetterlagen kennen.

Westlage: Sie ist in Mitteleuropa die häufigste Wetterlage, führt zwischen einem Islandtief und einem Azorenhoch milde Meeresluft heran, die Ursache für recht unbeständiges Wetter, ergiebige Niederschläge, schlechte Schneeverhältnisse und Lawinengefahr.
Bei einem Tief über den Britischen Inseln gilt daher: Bleib zu Hause! Eine Skitour lohnt sich nicht und ist gefährlich.

Nord-Staulage oder Tiefdrucklage: Ein alpennahes Tief, das sogenannte «Genua-Tief», ist gerade zur Skitourenzeit im Frühjahr keine Seltenheit. Diese einem Schaufelbagger ähnliche Windkonstellation und das damit verbundene Temperaturgefälle (kalte Polarluft, subtropische Mittelmeerluft) führt am Nordalpenrand zu einer Staulage und meist im gesamten Alpenraum zu erheblichen Niederschlagsmengen.
Merke: Bleib zu Hause! Die Lawinengefahr kann sehr groß sein!

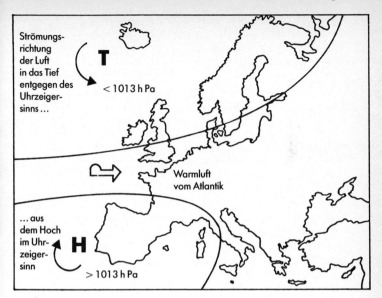

Westlage

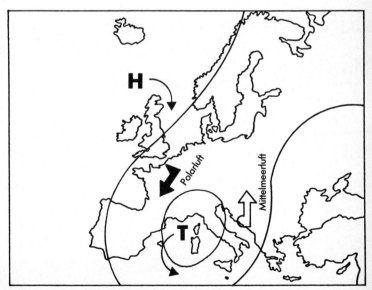

Nord-Staulage oder Tiefdrucklage

Süd-Staulage oder Föhnlage: Hier handelt es sich praktisch um die Umkehrung der Nord-Staulage. Im Frühjahr entsteht oft ein Druckgefälle zwischen einem Tief mit Kern über den Britischen Inseln oder der Biscaya und einem Balkanhoch. Obwohl kausal zusammenhängend, sind dann für den Alpenraum zwei vollkommen unterschiedliche Wetterbereiche charakteristisch. Im Bereich des Süd-Staus regnet oder schneit es aus dichten Wolken sobald die Luft am Gebirge angehoben, damit abgekühlt und das Kondensationsniveau (Luftfeuchtigkeit 100 %) erreicht wird. Am Alpenhauptkamm herrscht aufgrund des Druckausgleichs und der Windrichtung oft Sturm und im Nordalpenraum Föhn mit heiterem Wetter bei recht erträglichen Temperaturen (warme Fallwinde) und guter Fernsicht.

Regel: Es lohnt sich niemals, in die Südalpen (und oft auch Zentralalpen) zu fahren. Im Norden sind bei aufgeheitertem Himmel hingegen Skitouren möglich, wegen der Temperaturen aber unter Umständen die Schneeverhältnisse schlecht. Oft entladen sich auch die lawinenträchtigen Hänge sehr rasch. Sei vorsichtig! Riskiere nichts!

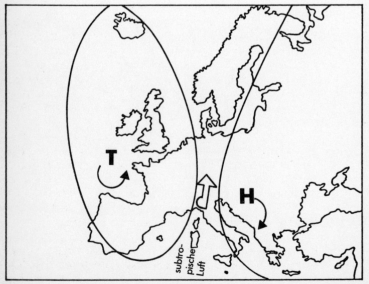

Süd-Staulage oder Föhnlage

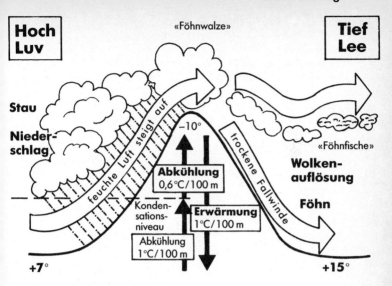

Entstehung des Föhns

Zwischenhochlage: Ein Hochdruckkeil führt innerhalb einer ganzen Folge atlantischer Tiefausläufer zu einer nur kurzen Beruhigungsphase. Oft verschlechtert sich das Wetter rasch wieder, und nicht umsonst wird das Zwischenhoch im Jargon auch als «Alpinistenfalle» bezeichnet. Erfahrungswert: Befindet man sich bereits im Gebirge oder wohnt in bestimmten Gebieten Bayerns, sind nicht gerade hochalpine und nicht sehr lange Skitouren außerhalb des Westalpenraums meist möglich. Größere Anfahrten lohnen sich hingegen nicht.

Hochdruck- oder Ostlage: Ein zentrales Festlandhoch bzw. eine Hochdruckbrücke zwischen einem Azoren- und kontinentalen Rußland-Hoch ist im Winter (Januar, Februar) nicht selten und sehr stabil, im Frühjahr allerdings von etwas kürzerer Dauer. Diese Wetterlage mit nächtlicher «sibirischer» Kälte bei sternenklarem Himmel und sonnigen Tagen mit leichtem Ostwind sehnt jeder Skibergsteiger herbei.
Es gilt: Jetzt oder nie!
Eine präzise Auskunft über das Wetter im jeweiligen Tourengebiet geben auch die Wetterämter der Alpenländer. Ein Anruf kann von großem Nutzen sein und endgültige Klarheit verschaffen (Telefonnummern siehe Seite 34).

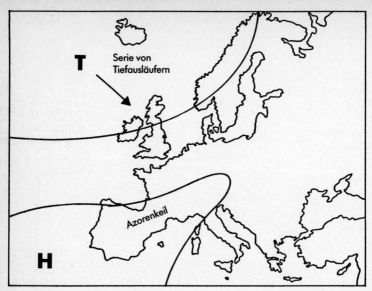

Zwischenhochlage

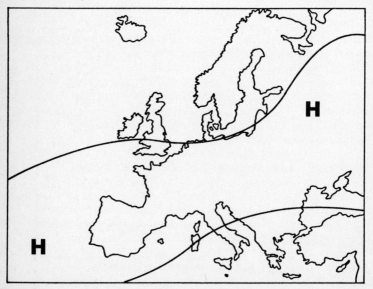

Ostlage (Verbindung eines Azoren- mit einem Rußland-Hoch) oder Hochdrucklage (Hoch im Herzen Mitteleuropas)

Die Lawinenverhältnisse

Ursprünglich als Sicherheitsinstitution für das Militär, dann für die Tourenskiläufer und heute wohl hauptsächlich für den Pistenbetrieb und Straßenverkehr in den touristisch erschlossenen Alpen gedacht, bieten die in den 30er bis 50er Jahren entstandenen Lawinenwarndienste wertvolle Informationen für die Tourenplanung an, basierend auf inzwischen jahrzehntelanger wissenschaftlicher Forschung.

Man unterscheidet sechs (in der Schweiz sieben) Gefahrenstufen, denen klare Verhaltensregeln zugeordnet werden können:

Stufe 1	sehr geringe Lawinengefahr	im Winter kaum der Fall
Stufe 2	geringe örtliche Gefahr	Grundsätzlich sichere Spuranlage (vgl. Seite 99–103, 162–164) und Meiden gefährlicher Bereiche!
Stufe 3	mäßige örtliche Gefahr	
Stufe 4	erhebliche örtliche Gefahr	
Stufe 5	große allgemeine Gefahr	Lebensgefahr – keine Touren!!!
Stufe 6	extreme allgemeine Gefahr	

Ein Beispiel:

«6. März 1987: Bei zeitweise starken Nordwestwinden fielen in den letzten Tagen in der Zentralschweiz 50 cm Schnee, am übrigen Alpennordhang 30 cm. In den übrigen Gegenden war der Schneezuwachs gering.
Am ganzen Alpennordhang, im Wallis und in Graubünden ohne Südtäler besteht für Skifahrer eine erhebliche örtliche Schneebrettgefahr. Als Gefahrenstellen kommen vor allem Steilhänge in Betracht, die sich anfangs der Woche nicht entladen haben und die inzwischen mit Triebschnee angefüllt wurden. Solche Stellen befinden sich am Alpennordhang oberhalb 1400 m, im Wallis und in Graubünden oberhalb 2000 m und sind in allen Expositionen zu vermuten.
Am Alpensüdhang ist die Schneebrettgefahr gering und beschränkt sich auf vereinzelte schattige Steilhänge über 2000 m.
In tieferen Lagen haben sich die feuchten Altschneeschichten auf Grund der Abkühlung gut verfestigt, so daß spontan keine größeren Lawinen zu erwarten sind. Für Verkehrswege ist somit die Gefahr gering.»
(EIDGENÖSSISCHES INSTITUT FÜR SCHNEE- UND LAWINENFORSCHUNG WEISSFLUHJOCH/DAVOS)

	Lawinenwarndienst	Wetterdienst
	(TB = Tonband; BR = persönliche Beratung)	
DEUTSCHLAND		
München (Bayern)	(089) 1 25 95 55 (TB)	(089) 11 64 (TB)
	(089) 1 25 95 45 (BR)	(089) 53 00 84 (BR)
Alpenverein-Wetterdienst		(089) 29 50 70 (TB) oder 1 15 09
ÖSTERREICH		
Innsbruck (Tirol,	(00 43) 512 / 15 87 (TB)	(00 43) 512 / 15 66 (TB)
Vorarlberg)	(00 43) 512 / 2 18 39 (BR)	(00 43) 512 / 89 16 00
		oder 8 17 38 (BR)
Salzburg (mit Ober-	(00 43) 662 / 15 88 (TB)	(00 43) 662 / 15 66 (TB)
österreich)	(00 43) 662 / 80 42 21 70 (BR)	(00 43) 662 / 26 301 / 0 (BR)
Klagenfurt (Kärnten)	(00 43) 4 63 / 15 66 (TB)	(00 43) 4 63 / 15 66 (TB)
	(00 43) 4 63 / 53 63 15 08 (BR)	(00 43) 4 63 / 4 14 43 (BR)
Graz (Steiermark)	(00 43) 316 / 15 49 (TB)	Wetteramt Klagenfurt
	(00 43) 316 / 29 51 16 (BR)	(Telefonnummer wie oben)
SCHWEIZ		
Landesübersicht	(00 41) 1 / 187 (TB)	(00 41) 1 / 162 (TB)
	(00 41) 83 / 5 32 64 (BR)	
Zürich		(00 41) 1 / 25 69 92 72 oder 0 (BR)
Genf		(00 41) 22 / 98 24 24 (BR)
Locarno		(00 41) 9 / 33 12 77 1 (BR)
ITALIEN		
Udine	(00 39) 4 32 / 20 58 69 (TB)	
Arabba	(00 39) 4 36 / 7 92 21 (TB)	
Trient	(00 39) 4 61 / 98 10 12 (TB)	
Bozen / Südtirol (Deutsch)	(00 39) 4 71 / 27 11 77 (TB)	(00 39) 4 71 / 191 (TB)
Mailand	(00 39) 2 / 67 65 46 69 (TB)	
Bormio	(00 39) 3 42 / 90 12 80 (TB)	
Bergamo	(00 39) 35 / 22 10 01 (TB)	
Brescia	(00 39) 30 / 5 44 49 (TB)	
Turin	(00 39) 11 / 3 29 01 91 (TB)	
Domodossola	(00 39) 3 24 / 48 12 01 (TB)	
Borgosesia	(00 39) 1 63 / 2 70 27 (TB)	
Cuneo	(00 39) 1 71 / 6 63 23 (TB)	
Aosta	(00 39) 1 65 / 3 12 10 (TB)	
Ligurien	(00 39) 10 / 53 20 49 (TB)	
FRANKREICH		
Grenoble (Dauphiné)	(00 33) 76 / 51 19 29 (TB)	(00 33) 76 / 51 11 11 (TB)
		(00 33) 76 / 54 29 63 (BR)
Bourg St. Maurice (Savoie)	(00 33) 79 / 07 08 24 (TB)	(00 33) 79 / 07 06 26 (TB)
		(00 33) 79 / 07 04 36 (BR)
Chamonix (Haute Savoie)	(00 33) 50 / 53 17 11 (TB)	(00 33) 50 / 53 03 40 (TB)
		(00 33) 50 / 53 21 41 (BR)
Briançon (Hautes Alpes)	(00 33) 92 / 20 10 00 (BR)	(00 33) 92 / 20 20 40 (BR)
Nizza (Alpes Maritimes)	(00 33) 92 / 83 91 11 oder	Telefonnummer wie links (TB)
	71 01 21 (TB; nach Wetter)	(00 33) 93 / 83 17 24 (BR)
JUGOSLAWIEN	(00 38) 61 / 982 (TB)	

Die Zahlen der Tabelle stellen die Durchwahlnummern von der Bundesrepublik Deutschland aus dar. Ruft man innerhalb des jeweiligen Landes an, so entfällt die in Klammern gesetzte Vorwahl. An ihrer Stelle wird — außer in Frankreich und der Schweiz — eine Null gewählt, und innerhalb der Schweiz entfällt auch die erste Eins, d. h.: Nur 187 wählen!

Während das Tonband rund um die Uhr Auskunft gibt, steht der spezielle Berater nur an bestimmten Wochentagen und teilweise nur vormittags zur Verfügung. Kann niemand erreicht werden, teilt in der Regel der automatische Anrufbeantworter die Ansprechzeiten mit.

Die richtige Ausrüstung

Die Ausrüstung orientiert sich am Tourenziel und sollte auch bei einfacheren Touren eher Richtung «Bergsteigen» als Richtung «Pistenskilauf» gehen. Auf *Zweckmäßigkeit* kommt es an, nicht auf Schönheit.

Denke stets an das Gewicht des Rucksacks! Überausrüstung stellt eine Gefahrenquelle dar. Sie kann nicht nur zur Überschätzung der eigenen Fähigkeiten, sondern vor allem zur vorzeitigen Ermüdung führen. Wesentliche Ausrüstungsgegenstände dürfen aber natürlich nicht fehlen.

Ski: Für Skitouren eignet sich fast jeder nicht zu harte und etwa körperlange Pistenski, wobei gute Fahrer sogar einen etwa 10 cm längeren Ski benutzen. Kürzere Ski sind drehfreudiger, längere führen auf hartem Untergrund besser. Wie gut der Tourenneuling zurechtkommt, hängt ganz von den Schneeverhältnissen ab. Insofern ist ein spezieller Tourenski insgesamt doch geeigneter, denn er stellt im Hinblick auf Länge, Breite, Taillierung und Schaufelform eine Kompromißlösung für die verschiedensten Schneearten dar, und diese können auf einer Tour durchaus wechseln. Solche Tourenski, die darüber hinaus eine Bohrung für den Bau eines Rettungsschlittens sowie eine Kerbe für das Steigfell haben, sind tiefschneegeeignet und haben eine etwas breitere Schaufel. Ihr entscheidender Vorteil ist das leichtere Gewicht, was allerdings zu Lasten der Stabilität und Haltbarkeit geht.

Tourenbindung: Inzwischen sind mehrere gute Tourenbindungen auf dem Markt. Fast jedes Jahr werden Testergebnisse in den verschiedenen Bergsteigerzeitschriften veröffentlicht, Vorzüge und Mängel genannt. Es hängt von den persönlichen Präferenzen ab, für welche Bindung man sich letztendlich entscheidet. Die eine zeichnet sich durch einen hohen Bedienungskomfort aus, ist aber schwerer als die andere. Die nächste ist leichter, doch etwas vereisungsanfällig und nach dem Auslösen beim Sturz nicht ganz so einfach und bequem zu handhaben. An der dritten besticht die für die Abfahrt wichtige Stabilität, aber sie besitzt zu viele nicht integrierte Einzelteile usw. Einem Anspruch muß aber jede Bindung genügen: Sie hat bei Dreh- und Frontalstürzen jederzeit und (bei seitlichen Stürzen) schuhsohlenunabhängig auszulösen, denn Tourenstiefel haben eine Profilgummisohle. Von Vorteil ist auch eine in die Bindung, die das Anheben der Ferse um 90° gestatten soll, integrierte Steighilfe.

Skistiefel: Wer über einen bequemen Pistenskistiefel verfügt, der kann damit ohne weiteres «normale» Touren unternehmen, die nicht länger als zwei bis drei Stunden dauern und keinen Felskontakt beim Gipfelanstieg vom Skidepot aus erfordern. Auf Dauer gesehen, empfiehlt sich allerdings ein spezieller Skitourenstiefel mit einem nach vorn nachgebenden, weichen Schaft, einem großen Verstellbereich der Schnallen mit Innen- bzw. Hüttenschuh und Profilgummisohle. Selbstverständlich soll der Tourenstiefel bei der Abfahrt stabil sein, doch handelt es sich bei ihm letztlich wie beim Ski um eine Kompromißlösung zwischen «hinauf» und «hinunter».

Stöcke: Jeder kann in der Regel mit seinen normalen Stöcken auf Tour gehen, nur dürfen die Teller nicht zu klein sein. Teleskopstöcke hätten allerdings den Vorteil der Längenverstellbarkeit. Hinauf wählt man eine längere, hinunter eine kürzere Einstellung.

Tourenbindung mit Fangriemen, integrierter Steighilfe und Tourenstiefel (Innenschuh, Profilgummisohle)

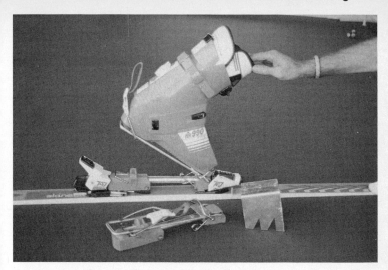

Eine preiswerte Alternative für Variantenfahrer, die nur bis zu einer Stunde und nicht unter extremen Bedingungen, wie z. B. bei beinhart gefrorenem Untergrund, aufsteigen: die Tourenplatte «Secura-fix» zu etwa 100 DM. Sie wird wie ein Skistiefel in die herkömmliche Abfahrtsbindung des Pistenskis gedrückt. Darauf wird der normale Skischuh befestigt, d. h., man steht mit der Sohle nicht in, sondern quasi auf der Bindung. Aus diesem Grund sind die üblichen Harscheisen zu niedrig. Sie müßten — wie diese — selbst gebastelt werden, aber wer bei so anspruchsvollen Verhältnissen geht, wo sie gebraucht werden, der sollte sich doch besser gleich eine richtige Tourenausrüstung besorgen, zumal im recht abschüssigen Gelände die Bindung bei den Spitzkehren auslösen und die Platte herausfallen kann. Trotzdem: eine ausgezeichnete Möglichkeit, in das Geschehen abseits der Piste einzusteigen und hinunter weder Kompromißski noch Kompromißschuh fahren zu müssen!

Steigfelle (vgl. Seite 38, 75): Zu empfehlen ist eine Kombination aus Schnall- und Klebefellen. In ihr verbinden sich die Vorteile beider Spezialfelle. Mohairfelle sind Fellen aus Kunstfaser überlegen. Bei Gruppen ein Ersatzfell mitnehmen!

Harscheisen (vgl. Seite 38, 80): Sie werden zwischen Schuh und Bindung gelegt, garantieren an gefrorenen und steilen Stellen ein hohes Maß an Sicherheit und ein relativ bequemes, kräftesparendes Steigen. Wer sie vergißt, wird unter Umständen angespannt und hochkonzentriert auf der Stahlkante gehen, die Spitzkehren des Partners mit den Stöcken absichern müssen, womöglich diverse Adrenalinstöße erleben und den Auf-

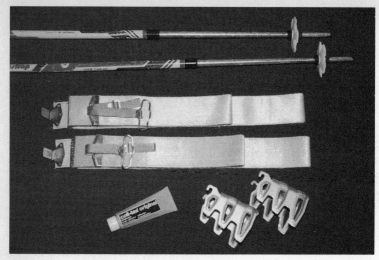

Teleskopstöcke, Steigfelle, Haftkleber, Harscheisen

stieg nicht sonderlich genießen können. Wichtig: Die Harscheisen sollten unbedingt zur entsprechenden Bindung passen!

Verschütteten-Suchgerät: Es ermöglicht die rasche Kameradenhilfe im Falle eines Lawinenunglücks, verkörpert *den* entscheidenden Fortschritt im Hinblick auf die Sicherheit beim Tourenskilauf. Wer ohne diesen elektronischen Helfer Gebiete außerhalb der Piste aufsucht, der handelt sehr leichtsinnig, als Gruppenleiter aus strafrechtlicher Sicht grob fahrlässig, wenn nicht gar vorsätzlich, d. h. absolut verantwortungslos. Das Verschütteten-Suchgerät schützt allerdings nicht vor Lawinen, ersetzt keinesfalls den menschlichen Verstand und die alpine Erfahrung bei der Routenwahl! Es gewährleistet lediglich das raschere Auffinden.
Bis vor kurzem herrschte im Alpenraum ein Frequenz-Wirrwarr. Die Österreicher setzten mit dem ersten «Pieps» auf 2,275 kHz, die Schweizer mit dem «Barryvox» auf die deutlich leistungsstärkere 457-kHz-Frequenz. Das deutsche «Ortovox F2» vereinigte daher aus gutem Grund beide Frequenzen, gliederte der akustischen Suchhilfe mit dem «Visovox» sogar eine optische an, aber als Zweifrequenzgerät wurde es im Test vom «Barryvox» in der Reichweite deutlich übertroffen, weil die Energie für zwei Sender reichen mußte. Seit dem 1. August 1989 ist nun endlich die vorteilhafte 457-kHz-Frequenz im Alpenraum verbindlich! Der Kauf

Mit Hilfe des Verschütteten-Suchgeräts kann ein verunglückter Variantenfahrer, wenn seine Begleiter das Gerät beherrschen und eine Lawinenschaufel dabeihaben, in 8 bis 15 Minuten geborgen werden. Ohne Schaufel dauert dies viel länger, und ohne Suchgerät sind die Überlebenschancen minimal. Mitgeführt wird die Schaufel in umgeklapptem Zustand am Rucksack (links). Zum Graben wird sie aufgeklappt (Mitte), und mit der 90° abgewinkelten kann vor dem Befahren eines Hanges durch einen Zugtest die Situation überprüft werden (vgl. Seite 103–105).

eines alten Geräts lohnt sich daher nicht mehr. Gleichwertig sind zur Zeit die Einfrequenzler «Ortovox F 1» und das «Barryvox». Letzteres ist allerdings ca. 100 DM teurer. Das Problem: Die bereits gekauften 2,275-kHz-Geräte sind noch «auf Tour» (Österreich, USA), und mit diesen ist eine «Kommunikation» unmöglich. Wer bereits über einen Zweifrequenzler verfügt, der sollte diesen noch eine Zeitlang behalten.

Lawinenschaufel: Ist sie nicht dabei, können die zeitlichen Vorteile des Verschütteten-Suchgeräts bei der Bergung wieder aufgehoben werden. Vielfach wird dies übersehen!
– *Lawinensonde* (zusammenschraubbare, leichte Teile)
– *Rucksack* mit breiten Trageriemen, Rückenpolster, Brustgurt, Ski- und Pickelhalterung
– *Skiunterwäsche* aus Kunstfaser (leitet den Schweiß im Gegensatz zu Baumwolle von der Haut nach außen), Reservegarnitur
– *Socken*, Reservepaare

- *Hemd* oder *Rolli* (mit zu öffnendem Kragen)
- *Trägerhose* mit Nierenschutz
- *Gamaschen* (bei Bundhosen unbedingt)
- *Pullover* («Schichtensystem», d. h. zwei dünnere anstelle eines dicken)
- *Anorak* (möglichst windundurchlässig und wasserdicht)
- *Überhose* und -jacke
- *Handschuhe*, Reservepaar
- *Mütze*,
- *Sonnenhut*
- *Halstuch, Stirnband*
- gute *Sonnenbrille* mit Schutz gegen seitlich einfallendes Reflexionslicht (Gletscherbrille oder selbstgefertigte Lederläppchen)
- *Sonnencreme* und *Lippenstift* mit hohem Lichtschutzfaktor
- *Rucksackapotheke* mit Rettungsfolie
- *Biwaksack*
- *Luftkammerschiene* und *Skiverschraubung* (Rettungsschlittenbau)
- *Reparaturwerkzeug*
- *Taschenmesser*
- *Ersatzteller* für Skistock
- *Skiwachs, Abziehklinge*
- *Fellkleber*
- *Ski-Clips:* (Dreiecksbildung beim Tragen der Ski am Rucksack; vgl. Seite 84)
- *Trinkflasche* (bruch- und auslaufsicher)
- *Stirnlampe* (auf Hochtour)
- *Führer, Karte*
- *Höhenmesser, Kompaß*
- *Schneeraster* (vgl. S. 48–52), *Lupe, Schneethermometer* (falls Schneeanalyse)
- *Fotoapparat*
- *Personalausweis, Geld*

Gegebenenfalls kommt bei anspruchsvolleren Unternehmungen noch folgendes hinzu:
- *Allroundeispickel*
- *Steigeisen* (Zwölfzacker mit Schnellverschluß)
- *Hüftgurt* mit Leicht-*Brustgurt* und verbindender Achterschlaufe aus 2 mm breitem Schlauchband
- UIIA-geprüftes *Halbseil* (8,5–9 mm, 45–50 m) für das Begehen von Gletschern *ohne* Kletter- oder Gratpassagen ab dem Skidepot
- UIIA-geprüftes *Einfachseil* (10,5–11 mm, 45–50 m) für Touren, die Kletterei oder das Begehen von Graten verlangen (höhere Belastung

des Seiles); notfalls – und nur bei kurzen Kletterpassagen – das Halbseil doppelt nehmen (Verkürzung auf 50%)
– 2 kurze *Reepschnurschlingen* (5 mm, ca. 1 m unverknotet)
– 2 *Prusikschlingen* (Reepschnur 5 mm, 4,00–4,20 m unverknotet)
– 2 *Standplatzschlingen* (Band 2 cm, 3 m unverknotet)
– *Halbmastwurf-Sicherungskarabiner* mit Schraubverschluß
– 3 *Normalkarabiner* (22 kN Mindestbruchlast)

Skier sollen in gewissen Abständen gewachst werden. Das schützt den Belag und erhöht die Drehfreudigkeit. Überhaupt bedarf die gesamte Ausrüstung des Bergsteigers der Pflege.

Anreise
und Akklimatisation

Umweltgerechtes Verhalten

«Der am meisten geliebte Ausrüstungsgegenstand des Bergsteigers», so meinen manche Spötter, «ist sein Auto.» Nun verursacht aber der Verkehr Unmengen baummordender Stickoxide. Gegenüber 1950 hat sich die Menge verzehnfacht. Hinzu kommen Kohlenmonoxid, Schwefeldioxid, Blei, Ruß und unverbranntes Benzin in großen Mengen.

Unter diesem Schadstoffausstoß leiden natürlich die Öko-Systeme, die in der sogenannten «Kampfzone des Waldes», dem Gebirge, nicht besonders robust sind, wie man vermuten könnte, sondern besonders anfällig. So stieg die geschädigte Waldfläche 1984 in der Bundesrepublik um 11 %, in den Alpen hingegen um furchterregende 20 %. In den letzten Jahren ist dort die Zahl der über 60 Jahre alten geschädigten Fichten von 14 % auf 75 % angestiegen. Teilweise sind nur noch 12 % der Samen keimfähig.

Stirbt aber der Bergwald, drohen den Alpentälern existentielle Katastrophen. Wind, Regen und Schmelzwasser trügen ungehindert den Oberboden in kürzester Zeit ab. Lawinen, Steinschlag und Bergrutsche wären die unvermeidbare Folge. Alles Wasser flösse sofort ins Tal ab. Bäche würden zu reißenden Strömen, die Unmengen Erde und Gestein mitführten, sich vielerorts aufstauten und weite Landstriche überschwemmten. Manches Alpental wäre unbewohnbar, und bis ins Flachland hinaus würden

Dörfer und Kulturlandschaften verwüstet. Einzelfälle machen deutlich, daß all dies inzwischen nicht mehr Horrorvision, sondern Realität ist. Das mindeste, was auch die Skibergsteiger nach Empfehlung des Alpenvereins tun können, ist:

- Fahrgemeinschaften bilden.
- Auto mit optimaler Zündungs- und Vergasereinstellung benutzen!
- Tempo 100 fahren! Nicht hetzen! Im Stau den Motor abstellen!
- Keine unnötigen Rangierfahrten am Tourenort unternehmen! Gegebenenfalls öffentliche Verkehrsmittel benutzen!
- Bleifreies Benzin tanken!
- Beim Kauf eines Neuwagens zugunsten eines Katalysators auf die Luxusausstattung verzichten!

Diese Ursachenbekämpfung des Waldsterbens ist sinnvoller als die bloße Symptombekämpfung durch Lawinenverbauungen. Ganz abgesehen davon, daß Stahl- und Betonpfeiler die Welt des Bergwalds niemals ersetzen können, ist der künstliche Lawinen- und Steinschlagschutz auch nicht annähernd finanzierbar: Ein einziger Hektar Lawinenverbauung (das sind

Autos: ein Umweltproblem! Und Skifahren: eine dem Gebirge aufgezwungene Liebe? Jedenfalls sah die Natur die Alpen wohl kaum als den größten «Sportplatz Europas» vor. Bei sich selbst anfangen! Den eigenen bescheidenen, sich in der Masse allerdings aufsummierenden Beitrag zum Erhalt dieses allein schon als Trinkwasserspeicher für unseren gesamten Kontinent lebensnotwendigen Ökosystems leisten und die genannten Regeln befolgen!

Stahlpfeiler und Betonstützen können den Bergwald niemals ersetzen und sind großräumig auch nicht finanzierbar.

100 × 100 m) kostet in der Schweiz 1 Million Franken, in Österreich 3 bis 4 Millionen Schilling. Allein die Absicherung des schmalen bayerischen Gebirgsstreifens von Berchtesgaden bis Oberstaufen beanspruchte nicht weniger als das gesamte Haushaltsvolumen der Bundesrepublik Deutschland, nämlich über 200 Milliarden DM. Die Schweiz und Österreich weisen den zehnfachen Alpenanteil auf.

Anpassung an die Höhenlage

Der Heimatort vieler Tourenskiläufer dürfte unter einer Höhe von 1000 m liegen. In diesem Bereich beträgt der mit zunehmender Höhe abnehmende Luftdruck mindestens 90 % des Normaldrucks, der auf Meereshöhe mit 1013 Hektopascal ($\hat{=}$ 1013 Millibar $\hat{=}$ 760 Torr $\hat{=}$ 760 mm Quecksilbersäule) angegeben wird. Je nach Wetterlage (Hoch oder Tief) können wir 2000 m knapp 80 %, 3000 m etwa 70 % und 4000 m ungefähr 60 % zuordnen. Dies sind gewaltige Unterschiede!
Nun beträgt der Sauerstoffanteil der Luft zwar immer 21 %, aber mit dem

nachlassenden Luftdruck sinkt natürlich auch der Sauerstoffteildruck, und dieser ist für die Aufnahme des lebens- und bewegungswichtigen Sauerstoffs durch die Lungenbläschen und die Weiterführung in das Blut von großer Bedeutung. Demzufolge muß sich unser Körper dem mit zunehmender Höhe abnehmenden Sauerstoffdruck durch eine schnellere und tiefere Atmung, durch eine größere Herzfrequenz (bei Ausdauertrainierten auch durch ein gesteigertes Schlagvolumen des Herzens), d. h. durch beschleunigte und umfangreichere Blutzirkulation, und durch die «Vermehrung» der Erythrozyten (rote Blutkörperchen) erst einmal anpassen. Dies sollte durch den bloßen *Aufenthalt* in der Höhe und *kleinere Touren* geschchen.

Es ist unsinnig, mit dem Auto anzurasen, am anderen Tag per Seilbahn oder Lift in kürzester Zeit viele Höhenmeter zu überwinden und von der Bergstation aus eine (hoch)alpine Skitour zu unternehmen. Auch der ansonsten guttrainierte Sportler wundert sich in diesem Fall oft über seine zunächst geringe Leistungsfähigkeit, ist entsetzt über die Mühe, die ihm der Aufstieg bereitet. Und der untrainierte Tourenneuling überfordert sich womöglich sogar. Der Grund: Beide sind nicht akklimatisiert, nicht angepaßt!

Flankierende Maßnahmen der vorbeugenden kleineren Akklimatisationstour(en): ausreichend schlafen, wenig (keinen) Alkohol zu sich nehmen, langsam und gleichmäßig steigen, mäßig, aber öfter essen, keine enge Kleidung tragen, selten sprechen, ruhig atmen.

Vorbereitung vor Ort

Beurteilung der Schneeverhältnisse

Unterhalte dich mit Bergsteigern, mit dem Hüttenwirt, mit eventuell anwesenden Berg- und Skiführern oder dem Lawinenwarndienst über die Wetter- und Schneeverhältnisse! Geht dies nicht, so hinterlasse möglichst eine Nachricht über das Vorhaben deiner Gruppe, z. B. im Hüttenbuch! Das erleichtert die Bergrettung im Falle eines Unglücks erheblich.

Im Gebirge ist der Mensch ein recht unscheinbares Geschöpf. Um sich dort ungefährdet bewegen zu können, muß er sich in diese faszinierende, aber übermächtige Welt (vgl. Seite 89, 98) einfügen, quasi von der Natur lernen, um selbst ein Stück Natur sein zu können. Dies setzt voraus, daß er die gewaltigen Kräfte seiner Umwelt stets kennt und beachtet. Mit anderen Worten: Da sogar ein nur stiefelhohes «Schneebrettchen» von 20×20 m je nach Schneeart 12 bis 18 Tonnen wiegt, sollte man auch einmal *in* die Schneedecke sehen, ihren Aufbau studieren und die Lawinengefahr beurteilen.

Natürlich gräbt man nicht vor jeder Skitour den Hang auf, z. B. dann nicht, wenn seit Tagen kein Niederschlag fiel, es tagsüber sonnig und nachts kalt und klar war, die Schneedecke in dem für die Tour gewählten Südhang also tief durchgefroren und stabil ist oder wenn wir bei konstantem Wetter bereits die dritte Tiefschneetour in Hängen vergleichbarer Hangrichtung und Höhe unternehmen. *Wenn man aber in dem betreffen-*

den Gebiet nicht schon unmittelbar zuvor am Berg unterwegs war, sich über die Schneeverhältnisse nicht im klaren ist, eine größere Unternehmung vorhat oder gar eine ganze Tourenwoche bevorsteht, wenn bei einem Hüttenaufenthalt ohnehin genügend Zeit zur Verfügung steht und insbesondere dann, wenn man für eine Gruppe die Verantwortung trägt, sollte die Schneedeckenbeschaffenheit untersucht werden.

Graben wir auf einem knappen Meter Breite nach unten, so sind schon nach einem Meter Tiefe fast 100 % aller Schneebretter – sie sind eindeutig die größte Gefahr für den Skibergsteiger – erfaßt. Das erfordert keinen nennenswerten Aufwand und ist in vielen Fällen lohnend. Interessiert uns (a) allerdings auch das Vorhandensein von bindungslosem «Schwimmschnee» und insbesondere seine Mächtigkeit, so müssen wir uns bis zum Boden hinunterarbeiten. Und ist (b) ein anschließender Rutschblocktest vorgesehen, weil die Schneedecke nicht nur theoretisch beurteilt, sondern auch durch unmittelbare Belastung überprüft werden soll, sind drei Meter Breite und wenigstens zwei Helfer erforderlich.

Wir suchen uns einen kleinen Hang von höchstens 30 bis 50 m Länge und mit einem flachen Auslauf, um uns nicht schon bei der Schneedeckenanalyse in Gefahr zu bringen. Das Gelände soll möglichst *repräsentativ* für den späteren Tourenhang sein, insbesondere was seine Richtungsexposition und beim Blocktest seine Neigung betrifft. Bei der Höhe ist das schlecht möglich, doch ist – darauf sei gleich vorneweg verwiesen – die ganze Analyse und auch ein möglicherweise folgender Belastungstest ohnehin nur *ein* Kriterium von vielen Möglichkeiten der Gefahrenbeurteilung. Niemals darf man sich darauf allein verlassen, zumal auch die Beschaffenheit desselben Hanges von Stelle zu Stelle variieren kann. Vollkommene Sicherheit bietet uns also weder die theoretische Analyse des Schnees noch der Belastungstest, wohl aber kann man umgekehrt oft die Gefährlichkeit der Gesamtsituation sofort erkennen, z. B. eine mächtige «gepackte» Neuschneeschicht auf hartem Harsch – und darauf kommt es letztlich an. Die Analyse soll uns nicht in totaler Sicherheit wiegen, wohl aber manchmal Anlaß zum Verzicht auf die Tour sein.

Wenn die Himmelsrichtung dieser Tour wechselt, wir also nicht ausschließlich z. B. in einem Südhang aufsteigen und abfahren, wählt man in der Regel einen Testplatz mit der laut Unfallstatistik risikoreichsten Hangexposition «Nordost». Dorthin hat der Wind meist erhebliche Schneemassen verfrachtet. Sobald die Untersuchung der Schneeschichten auch mit einem Rutschblocktest verknüpft wird, muß der Hang außerdem steil genug sein, damit die erforderliche Hangabtriebskraft gegeben ist, nämlich (30 bis) 35°. Der Erfahrene kann das einschätzen, der Anfänger bemüht zunächst den Neigungsmesser seines Kompaßdeckels. Haben wir – aus Sicherheitsgründen – das Verschütteten-Suchgerät tra-

Die Aufnahme eines Schneeprofils dient der Untersuchung verschiedener Schichten des Schneedeckenaufbaus. Es gestattet die Rekonstruktion der zurückliegenden Schneefälle.

gend einen Meter breit und einen Meter tief oder gegebenenfalls auf drei Meter Breite zum Boden gegraben, fahren wir mit den Fingern an der Schachtwand von unten nach oben, oder wir tasten sie von oben her Fingerkuppe für Fingerkuppe ab, um verschieden harte Schichten feststellen zu können. Am besten werden sie gleich durch eingeriebene Querlinien gekennzeichnet.

Die verschiedenen Schichten auszumachen und hinsichtlich ihrer Reibungsfestigkeit (Scherfestigkeit) untereinander zu beurteilen ist unser primäres Ziel: *Welche Schicht könnte bei Belastung durch einen Skifahrer abgleiten?* Meist ist die Scherfestigkeit von zwei Schichten dann gering, wenn sich ihre Härten deutlich unterscheiden, sogenannte «Härtesprünge» auftreten, wie z. B. zwischen weichem Neuschnee und Harsch. Es wird versucht, ohne Anstrengung die geballte Faust, die flache Hand, einen Finger, einen Bleistift oder ein Messer in die jeweiligen Schichten zu drücken.

In der Regel kommt man mit dieser Methode in der Praxis aus! Durch sie lassen sich problematische Schichten ganz gut erkennen, doch spielen natürlich auch *Schneekornform* und *Schneefeuchtigkeit* eine Rolle. Es liegt auf der Hand, daß filziger Neuschnee, der ein riesiges «Brett» bilden kann, gefährlicher ist als lockerer «Pulverflausch». Wer daher noch ge-

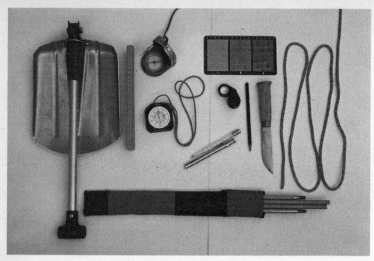

Für die genaue Untersuchung des Schneedeckenaufbaus benötigt man: Lawinen-schaufel, Meterstab, Kompaß mit Neigungsmesser, Höhenmesser, Schneeraster (Korngröße), Lupe (Kornform), Bleistift und Messer (Härte), Schneethermometer. Ist das Profil ein Meter breit, können wir mit der «Norwegermethode» einen verkleiner-ten Zugschaufel-Belastungstest anschließen (vgl. Seite 103–105), umfaßt es hori-zontal drei Meter, ist sogar eine Belastung durch den Skifahrer durchführbar (vgl. Seite 61–67). Dies setzt zusätzlich eine «Sägeschnur» und gegebenenfalls eine Rucksacksonde voraus.

wissenhafter vorgehen möchte, der kann zusätzliche Hilfsmittel heranzie-hen und das Schneeprofil sogar schriftlich aufnehmen. Zur Verdeut-lichung der Vorgänge in der Schneedecke zeigen wir dies ebenfalls.
Wir tragen Datum, Berg und Höhe des Testplatzes ein, stellen mit Hilfe des Kompasses die Hangexposition und mit seinem Neigungsmesser die Steilheit des Geländes fest, messen danach kurz die Lufttemperatur (1).
Das Schneethermometer wird in die unterste Schicht gesteckt. Im Laufe der Profilanalyse ist es dann in immer höher liegende Schichten zu schie-ben (2-n), normalerweise in einem Abstand von 10 bis 20 cm.
Es folgen das Aufzeichnen des Schneehärte-Handtests (3a)und (3b), der Art (Lupe) und Größe (Schneeraster) der Kornformen (4), der Schnee-feuchtigkeit (5) sowie der Bodenbeschaffenheit (6).
Letztlich sind die Schneetemperatur und Schneehärte (3a), (3b) gemäß den Symbolen in ein Koordinatensystem zu übertragen (7). Diese graphi-

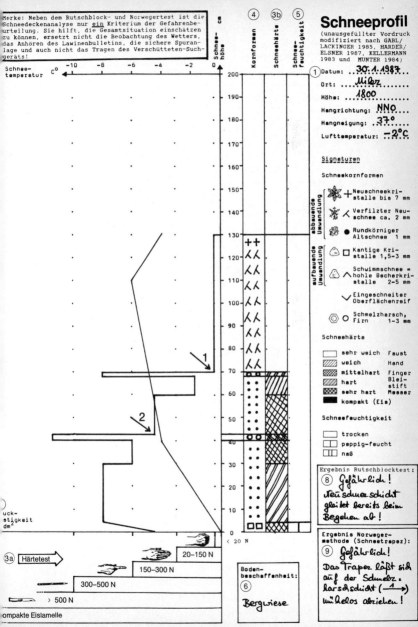

Merke: Neben dem Rutschblock- und Norwegertest ist die Schneedeckenanalyse nur <u>ein</u> Kriterium der Gefahrenbeurteilung. Sie hilft, die Gesamtsituation einschätzen zu können, ersetzt nicht die Beobachtung des Wetters, das Anhören des Lawinenbulletins, die sichere Spuranlage und auch nicht das Tragen des Verschütteten-Suchgeräts!

Schneeprofil

(unausgefüllter Vordruck modifiziert nach GABL/LACKINGER 1985, HARDER/ELSNER 1987, KELLERMANN 1983 und MUNTER 1984)

① Datum: **30.1.1987**

Ort: **Mürz**

Höhe: **1800**

Hangrichtung: **NNO**

Hangneigung: **37°**

Lufttemperatur: **-2°C**

<u>Signaturen</u>

Schneekornformen

abbauende Umwandlung

+ Neuschneekristalle bis 7 mm

∧ Verfilzter Neuschnee ca. 2 mm

● Rundkörniger Altschnee 1 mm

aufbauende Umwandlung

□ Kantige Kristalle 1,5-3 mm

∧ Schwimmschnee = hohle Becherkristalle 2-5 mm

∨ Eingeschneiter Oberflächenreif

○ Schmelzharsch, Firn 1-3 mm

Schneehärte

☐ sehr weich Faust

▨ weich Hand

▨ mittelhart Finger

▨ hart Bleistift

▨ sehr hart Messer

■ kompakt (Eis)

Schneefeuchtigkeit

☐ trocken

☐ pappig-feucht

☐ naß

Ergebnis Rutschblocktest:
⑧ Gefährlich! Neuschneeschicht gleitet bereits beim Begehen ab!

Ergebnis Norwegermethode (Schneetrapez):
⑨ Gefährlich! Das Trapez läßt sich auf der Schmelzharschschicht (1→) mühelos abziehen!

③ⓐ Härtetest ⟹

20-150 N

150-300 N

300-500 N

> 500 N

kompakte Eislamelle

Bodenbeschaffenheit:
⑥ Bergwiese

sche Veranschaulichung, die man bei schnellerer Profilaufnahme anstatt auf das Papier mit dem Finger in den Schnee der aufgegrabenen Schachtwand zeichnet, zeigt Problemstellen im Schichtprofil besonders gut auf!

Interpretation: Wir haben es mit einer eingeschneiten Harschschicht zu tun, d. h., der Halt der mächtigen, weichen und verfilzten Schneeauflage ist auf dieser Unterlage nicht sehr groß (___1___,). Es besteht Schneebrettgefahr – ablesbar auch am großen Härtesprung im Profilverlauf. Die untere Harschschicht (___2___,) ist hingegen – erkennbar an der Kornform (4) darüber und darunter – schon gut in die verfestigte Altschneedecke integriert. Die Temperatur des Schnees, d. h. ein extremes Temperaturgefälle zwischen bodennahen Schichten und der Außenluft bei geringer Schneehöhe, war in diesem Beispiel ohne Belang, hängt mit einer anderen Risikosituation, der des «Schwimmschnees», zusammen (vgl. Seite 55–59).

Hat man die Schneedecke zur Profilaufnahme breit genug aufgegraben, kann die Scherfestigkeit verschiedener Schichten noch zusätzlich durch unmittelbare Belastung (8) und (9) getestet werden (vgl. Seite 61–67, 103–105).

Die Welt des Schnees ist – das haben wir inzwischen trotz dieser vereinfachten Darstellung erkannt – «eine Wissenschaft». Sie richtig verstehen zu können erfordert nicht nur einiges Wissen, sondern vor allem Erfahrung. Im folgenden soll daher lediglich auf das Profil einer stabilen Schneedecke und auf drei typische Risikosituationen eingegangen werden, die jeder Skitourenläufer bei einem Blick in die Schneedecke und mit dem einfachen Härtetest «Faust–Messer» erkennen sollte.

Stabiler Schneedeckenaufbau

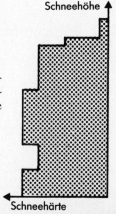

Schneehöhe

Stabil ist die Schneedecke, wenn sie keine kritischen Zwischenschichten und keine zu starke Neuschneeauflage hat, d. h. keine großen Härtesprünge aufweist und die Festigkeit nach unten zunimmt.

Kommen wir zu diesem Ergebnis bei der Schneedeckenanalyse, so ist das beruhigend. Unter Beachtung der Kriterien einer sicheren Spuranlage (vgl. Seite 99–103, 162–164) dürfte eigentlich nichts passieren.

Schneehärte

Verdeckte Gleitschichten erkennen

Bildet sich durch Tauen und Gefrieren an der Schneeoberfläche eine *Schmelzharschschicht*, durch den Druck anhaltenden Windes eine *Windharschschicht* oder setzt sich dort infolge feuchtigkeitsgesättigter Luft an dem unterkühlten Festkörper «Schnee», der z. B. in klaren Nächten kälter ist als die Luft, *Oberflächenreif* ab bzw. fallen *Graupeln* und werden diese Flächen *eingeschneit* oder auf der Leeseite z. B. eines Bergrückens mit Triebschnee *zugeweht*, so bilden diese härteren Unterlagen bzw. die labilen Reiflamellen einen idealen Gleithorizont für die meist «gepackte», d. h. «brettartige» Schneeauflage.

Das Befahren von solchen (Windschatten-)Hängen kann tödlich enden; denn die Scherfestigkeit zwischen beiden Schichten ist erstens äußerst gering und die oft sehr dünne Gleitunterlage bei der Schneedeckenuntersuchung zweitens nicht immer leicht festzustellen!

Unabhängig davon, wie der Schneedeckenaufbau sonst aussieht, ist eine solche Zwischenschicht immer sehr gefährlich, ganz gleich ob darüber weicher oder gesetzter härterer Schnee liegt.

Wird die gut erkennbare Harschschicht der uns gegenüberliegenden und nach Osten exponierten Talseite, also der Leebereich des Kammes mit dem sogenannten «Eisjöchle», beispielsweise zugeweht, ist die Scherfestigkeit zwischen Harsch und Triebschnee sehr gering.

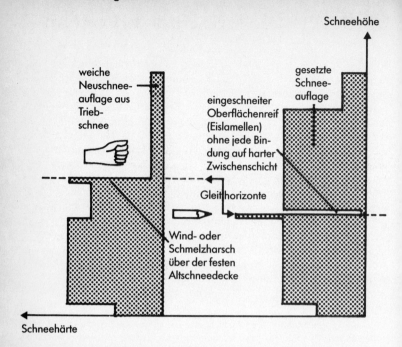

Zwischenschicht (Gleithorizont) mit weicher (links) oder gefestigter (rechts) Schnee-auflage. Beides ist trotz des guten Fundaments gefährlich, die zuletzt genannte Situation aber auch noch besonders schwer erkennbar.

Gleithorizonte entstehen allerdings auch direkt im Inneren der Schnee-decke. Sickert Schmelzwasser bis auf eine undurchlässige Schicht oder den Boden, so bilden sich dort die instabilen Eislamellen.

Aus diesen Beispielen verdeckter Gleitschichten resultieren die häufig-sten Ursachen von Lawinenunfällen, an denen Skibergsteiger oder Va-riantenfahrer abseits der Piste beteiligt sind.

Die großen instabilen Lamellen des Oberflächenreifs sind eine ideale Gleitschicht für Schneebrettlawinen. Taut sie die Sonne tagsüber ab, so bleiben sie schattenseitig oft erhalten und eingeschneit.

Schwimmschnee erkennen

Instabiler Schwimmschnee aus großen Kristallen, die sich z. B. nicht zu einem Schneeball formen lassen, bildet sich besonders dann, wenn es zu Beginn des Winters nur wenig und häppchenweise auf einen noch nicht gefrorenen Boden schneit, die nicht mehr als einen halben Meter mächtige Schneedecke also schlecht isoliert und daher bei Frostperioden ein großes Temperaturgefälle zwischen den bodennahen Schichten (meist $0°$ bis $1°C$) und der Außentemperatur (z. B. $-15°C$) bzw. der Schneeoberfläche entsteht, die infolge der Wärmeabstrahlung nachts noch bis zu $5°C$ kälter sein kann als die Luft. Grundsätzlich schwimmschneeanfälliger sind daher auch Regionen größerer Höhen (länger kälter; Gelände früher eingeschneit; dünnere Schneedecke durch Winderosion).

Je größer die Temperaturdifferenz zwischen Boden und Schneeoberfläche und je geringer die Schneedecke, desto größer ist das Temperaturgefälle und damit die Wahrscheinlichkeit der Schwimmschneebildung.

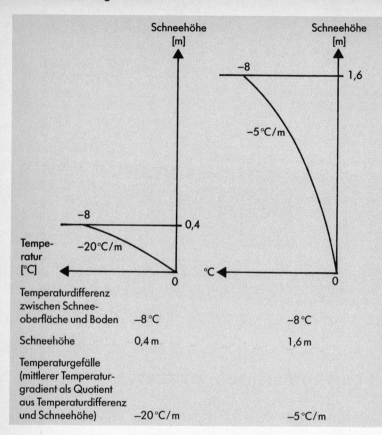

Temperaturdifferenz zwischen Schnee- oberfläche und Boden	−8 °C	−8 °C
Schneehöhe	0,4 m	1,6 m
Temperaturgefälle (mittlerer Temperatur- gradient als Quotient aus Temperaturdifferenz und Schneehöhe)	−20 °C/m	−5 °C/m

Mehr (links) oder wenig (rechts) schwimmschneefördernde Situationen. In Wirklichkeit sind die Vorgänge in der Schneedecke allerdings viel komplizierter. Der Temperaturgradient (oben ist nur der mittlere dargestellt) kann sich von Schicht zu Schicht bei jeweils unterschiedlicher Wärmeleit- und -haltefähigkeit ändern, bei geringer Schneehöhe kann Frost in das Erdreich eindringen, die Temperaturdifferenz bzw. den Gradienten senken, und im Frühjahr ist er kaum noch vorhanden, weil die Schneedecke fast durchgehend um 0 °C aufweist, bis auf die oberen 20−40 cm isotherm ist.

Bei großem Temperaturgefälle pro Meter Schneedecke steigt die sich durch Verdunstung der untersten Schneekristalle entwickelnde feuchtwarme, wasserdampfgesättigte Luft auf und verursacht in den darüber liegenden kälteren Schichten große *Becherkristalle* von bis zu 5 mm

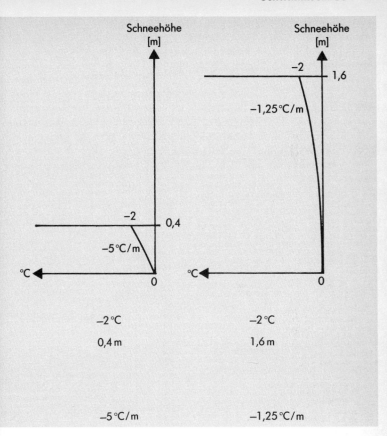

Durchmesser. Diese bilden sich durch die Anlagerung von Wasserdampf, weil kalte Luft weniger Wasser halten kann als wärmere, nämlich nur knapp 1 Gramm pro Kubikmeter Luft bei −20 °C gegenüber fast 5 Gramm bei 0 °C. Einen solchen Vorgang nennt man *aufbauende Umwandlung* durch Sublimation. Es braucht allerdings zwei bis vier Wochen, damit sich solch große Becherkristalle bilden können.

Insbesondere bei Frost, an schattigen Nordhängen und bei einem aus Latschen oder Almrosen bestehenden Bodenbewuchs, der das Setzen und Verdichten der Schneedecke beeinträchtigt, bilden sich in Jahren mit zögernden, aber frühen Schneefällen auf einem nicht durchgefrorenen Boden Hohlräume. In den unteren Schichten haben wir es ja mit einem Materialverlust durch Verdunstung quasi zugunsten der Becherkristallbildung zu tun.

Werden solche Hänge, deren gutes oder schlechtes Schneedeckenfundament bereits im Früh- und Hochwinter geprägt wird, mit Ski befahren, so ist dies dann weniger kritisch, wenn sich über den Kristallen des Schwimmschnees inzwischen eine mindestens 30 cm starke, tragende und gut verfestigte Altschneedecke befindet. Sollte das nicht der Fall sein, z. B. wenn gefrorener Sulz tagsüber auftaut, bricht die Schneedecke meist großflächig mit einem «Wwwumm» oder «Wwwuff» ein. Luft entweicht, und die instabilen Becherkristalle, die wir am besten mit hochkant aufgestellten, seitlich kaum belastbaren Ziegelsteinen vergleichen, kommen in Bewegung. Sie sind groß, und demzufolge gibt es weniger Berührungspunkte untereinander, aber viel Porenraum. Die Schneedecke ist wenig fest.

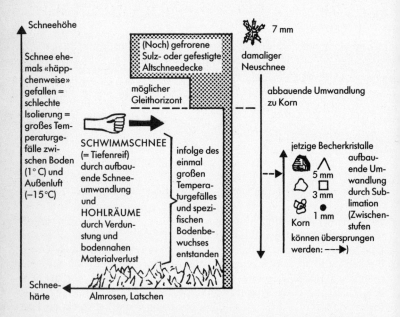

Schwaches Schwimmschneefundament unter einer durchaus tragfähigen Decke. Diese kann allerdings erstens bei sehr dynamischen Schwüngen eines Skifahrers brechen oder zweitens im Tagesverlauf aufweichen. Auch kann sie drittens, wenn auf ihr ein Neuschneebrett abgleitet oder ausgelöst wird, selbst bei unter «normalen Bedingungen» guter Festigkeit mitgerissen werden. Dann entlädt sich womöglich der gesamte Hang.

Als Skitourenanfänger sollte man sich unbedingt merken: Nicht nur nach ergiebigen Neuschneefällen oder bei Tauwetter – so die gängige Meinung – besteht unter Umständen Lawinengefahr; gerade bei (nach) längeren Frostperioden kann dies unter bestimmten Umständen auch der Fall sein. Dies gilt insbesondere für den Früh- und Hochwinter. Im Frühjahr weist die Schneedecke hingegen fast durchgehend 0 °C auf, und sie ist eher verdichtet, so daß kaum noch ein nennenswertes Temperaturgefälle und kein Schwimmschnee entstehen. Vom Winter her vorhanden kann er natürlich noch sein. Erst längerer Regen oder Föhn wandeln den Schwimmschnee um. Allerdings hat der grobkörnige Altschnee – wie gleich zu sehen sein wird – im Frühjahr manchmal ebenfalls seine Tücken.

Alt-, Sulz- und Faulschnee erkennen

Im Laufe der Zeit entsteht aufgrund des Eigengewichts der Schneedecke und insbesondere durch die Tagestemperaturen (Frost in Schattenhängen verzögert z. B. den sicherheitsfördernden Setzungsvorgang enorm) sowie durch Regen aus den verästelten und – wenn sie nicht schon durch den Wind in der Luft zertrümmert wurden – sich gegenseitig verhakenden Schneekristallen nach einem kritischen Zwischenstadium (ein bis drei Tage, bei Frost eine bis zwei Wochen) körniger Schnee.

Dies nennt man *abbauende Umwandlung*, d. h., die Schneedecke setzt sich: Festigkeit und Dichte (damit die Sicherheit) nehmen zu. Ästchen brechen ab und verdunsten. Der Dampf lagert sich in Vertiefungen anderer Formen wieder an. Die Teilchen der Schneedecke werden also runder und kleiner. Es gibt mehr Berührungspunkte und auch mehr Eisbrücken zwischen den Teilchen. *Feinkörniger Altschnee* bedeutet in der Regel einen stabilen Schneedeckenaufbau.

Kritisch wird es erst, wenn durch Druck- und/oder Schmelzumwandlung daraus *grob*körniger Schnee ohne größere innere Bindung entsteht. Er kann nämlich unter bestimmten Voraussetzungen wie ein Kugellager wirken. Die Situation ist also mit der des Schwimmschnees vergleichbar, nur ist ihre Entstehung völlig anderer Natur, und sie entwickelt sich in der Regel auch wesentlich später im Jahr.

Wie gefährlich die Lage ist, hängt dabei nicht selten von der Tageszeit ab. Ein Beispiel: Das Fundament der Schneedecke ist aufgrund von Wärmeperioden, Föhn und Regen frühjahrstypisch schwach, der alte, grobe Sulzschnee ohne nennenswerte Bindung. Doch darüber ist er über Nacht knapp 20 cm durchgefroren, nicht zuletzt auch deshalb, weil die Schnee-

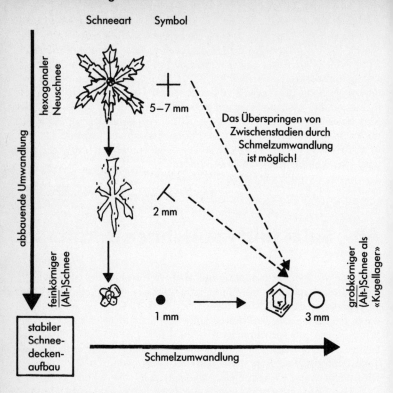

Die Umwandlung der Schneekristalle bedeutet eine auch unterschiedliche Festigkeit der Schneedecke, damit eine auch unterschiedliche Sicherheit.

oberfläche insbesondere in klaren Nächten Wärme abstrahlt, abkühlt und mehrere Grad kälter sein kann als die Lufttemperatur in Körperhöhe. *Diese Schneedecke trägt morgens ohne weiteres.* D. h.: Man kann an einem solchen Hang zwischen den am Nachmittag des Vortages abgegangenen Naßschneelawinen völlig sichere Skitouren unternehmen und nach kurzzeitiger Sonneneinstrahlung eine herrliche Firnabfahrt genießen. Ist diese tragfähige Decke aber schon durchgetaut, bricht der zu spät abfahrende Skifahrer in den nassen, bindungslosen Faulschnee darunter liegender Schichten ein. Nun ist der vorher sichere Hang *lawinengefährlich*, zumal das Schmelzwasser, welches frühmorgens in den nicht zu bodennahen Schichten noch feste Eisbrücken zwischen den Kristallen bildete, zwischen den Altschneekörpern ab 0 °C frei ist und ausgezeichnet «schmiert».

Die großen Grasflächen deuten auf eine frühjahrstypisch rege Lawinentätigkeit dieses Hanges hin – mittags; nach kalter Nacht ist die nasse Schneedecke am Morgen durchgefroren. Touren sind nun risikolos. Sie versprechen einen phantastischen Firn.

Die obere Schicht kann abgleiten, wobei vielfach der gesamte Unterbau in Form nasser Locker- oder Festschneelawinen mitgerissen wird. *Etwa ab April lassen sich 75 % der (ohne menschliches Zutun) abgegangenen Lawinen mit Wärme- und Strahlungsprozessen begründen, während vorher fast immer die Intensität des Schneefalls und der Windverfrachtung die Ursachen waren.* Insbesonders die Südhänge sind im Spätwinter von diesen Strahlungsvorgängen betroffen. Die richtige zeitliche Planung der Tour ist dann *das* Sicherheitskriterium (vgl. Seite 26–28 und 98).

Der Rutschblocktest

Wurde von einer Gruppe ein genügend breites Profil gegraben, weil dazu Anlaß bestand (vgl. Seite 48), dann ist es ein geringes, die analytisch untersuchte Schneedecke noch durch unmittelbare Belastung zu prüfen, z. B. durch einen wippenden Skibergsteiger. Dabei zeigt sich, ob die als problematisch beurteilten Schichten wirklich abgleiten und bei welcher

Intensität der Belastung das geschieht. Vor allem aber sollte es sich herausstellen, ob wir bei der Profilaufnahme dünne, kritische Schichten übersehen haben.

Am bekanntesten ist der vom Schweizer Militär entwickelte Test des *Rutschkeils*. Trotz unterschiedlicher Angabe zu Breite und Höhe von 3×2 m bis hin zu 2×3 m kommt es eher darauf an, daß das Dreieck wie hier in beiden Fällen der Keiloberfläche ungefähr 3 m² umfaßt. Und vor allem muß der Hang steil genug sein! Vom Ausbildungsreferat des DAV werden die Maße der untenstehenden Abbildung gelehrt:

Diese verbreitete Methode ist als Mosaikstein der Gefahrenbeurteilung durchaus brauchbar, doch kann es bei härteren Zwischenschichten trotz möglicher Sägeknoten oft recht schwierig sein, den Keil bis zum Boden auszusägen. Wird aber eine darunter liegende kritische Schicht nicht von der Umgebung abgetrennt und als solche gar nicht erkannt, so rutscht der

Beim *Rutschkeiltest* wird oberhalb von der abgegrabenen Profilfläche eine zusammenschraubbare Rucksacksonde (notfalls ein Skistock) schräg zum Hang in den Schnee eingeführt (keinesfalls nur lotrecht im Sinne der Erdanziehungskraft), damit die mit ihrer Hilfe umgelenkte «Säge»-Reepschnur auch tatsächlich daran bis zum Boden hinunter abrutschen kann. Das Dreieck muß von den angrenzenden Schneemassen abgetrennt sein, darf vor dem Belastungstest zur Beurteilung der Situation nach den Kriterien «Lawinengefährlichkeit», «Lawinenverdächtigkeit» und «Lawinensicherheit» nur noch am Untergrund haften.

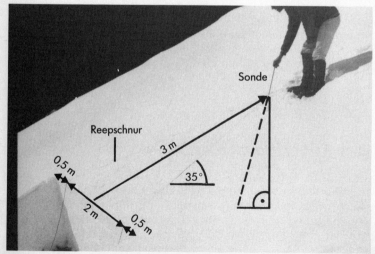

Keil beispielsweise bei einem Hüpfen mit den Ski dort womöglich nicht ab, und das hat eine völlige Fehleinschätzung der Situation zur Folge. Genau dies aber müßte der Test eigentlich verhindern. Wer also nicht sorgfältig sägt und nicht beurteilen kann, ob die problematischen Schichten höher im abgetrennten Bereich oder tiefer im eventuell nicht abgetrennten liegen, der lebt zum Teil gefährlicher als der, der gar nicht testet. Vielleicht hat man nur Glück, weil alle Schichten, die tiefer als ein Meter liegen, viel seltener die Ursache von Lawinenunfällen sind als die oberen.

Seit einiger Zeit gibt es nun mit dem *Rutschblocktest* von SALM eine zweite Möglichkeit, die Schneedecke unmittelbar zu überprüfen. Dieser Test ist empfehlenswerter und löst das oben genannte Problem eher, doch zahlen wir dafür den Preis, noch mehr graben zu müssen.

Testkeil oder Testblock werden – und niemand darf sich unterhalb davon befinden – stufenweise zunehmend belastet. Es geht dabei um die Frage:

Der *Rutschblocktest* dauert zwar länger, weil hier von der Basis aus noch zwei Schächte nach hinten auszuheben sind, aber es ist im Gegensatz zum weniger grabungsintensiven Rutschkeiltest einfacher, den Block mit der Reepschnur hinten abzuschneiden. Eine Umlenkung wird nicht benötigt. Wir haben eher die Gewähr, daß der Testblock völlig frei liegt.

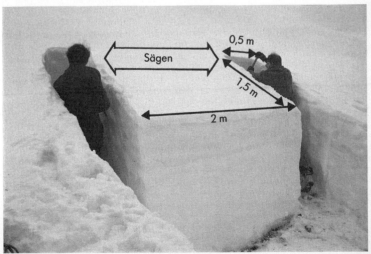

Wann kommt es zum Scherbruch zwischen zwei Schichten? Für die Beurteilung von Gefahr oder Sicherheit gelten folgende Kriterien:

Keil, Block oder Teile davon rutschen...

(1) ohne zusätzliche Belastung ab
(2) beim Draufstehen einer Testperson mit Ski ab   lawinengefährlich
(3) beim Wippen/Nachdrücken ab

(4) beim ersten leichten Sprung mit Ski ab
.... lawinenverdächtig
(5) beim zweiten/dritten harten Sprung ab

(6) beim heftigen Springen ohne Ski ab
(7) überhaupt nicht ab   lawinen«sicher»

Methode SALM (NEUBAUR/DAV 1988, 10)

Aussägen (hier) des Keils. Löst sich bereits dabei eine Schicht, beim Begehen durch einen Skifahrer oder durch nachdrückendes Wippen, ist die Schneedeckenbeschaffenheit des Testhanges akut lawinengefährlich. Hänge vergleichbarer Neigung und Himmelsrichtung dürfen keinesfalls begangen oder befahren werden. An Stellen vergleichbarer Beschaffenheit würde der Hang brechen.

Im allgemeinen genügt es, zu Beginn einer Tourenwoche ein Schneeprofil aufzunehmen und einen Rutschtest zu machen. Wenn es danach schneit, dann brauchen wir nur noch die oberen Schichten zu untersuchen: Wie sieht es mit der Scherfestigkeit zwischen der aktuellen Neu- und der Altschneedecke aus? Neben der Beurteilung der Schichtenhärte kann dann noch ein zusätzlicher Mini-Belastungstest durchgeführt werden, die sogenannte «*Norwegermethode*». Es handelt sich um einen verkleinerten Rutschblock, ein mit der Lawinenschaufel ausgestochenes Trapez von 10 Prozent des Originalvolumens. Man versucht, die fragliche Schicht, die im Gegensatz zum «richtigen» Blocktest allerdings als kritisch erkannt werden muß (!), hangparallel mit einer rechtwinklig abgeklappten Ruck-

Bricht (hier) der Block beim zweiten oder dritten harten Springen, geht man von Lawinenverdächtigkeit aus. Am besten meidet man solche Hänge oder betritt sie nur unter Einhaltung ganz bestimmter Verhaltensregeln (vgl. ausführlich Seite 101–103 und 162–164): Steilstücke umgehen! Schneeärmere Hangrücken bevorzugen, schneeschwangere Mulden nicht aufsuchen! Querungen höchstens ganz oben über den Schneemassen! Sichere Geländepunkte wie Felsen ausnutzen! Abstände zwischen den Gruppenmitgliedern einhalten! Anorak anziehen, Hände aus den Stockschlaufen, Fangriemen auf!
Löst schon der erste (bewußt weniger «wilde») Sprung das Abgleiten eines Blockteils aus, kann dies sogar noch zu «gefährlich» tendieren, denn das entspricht einem recht zaghaft schwingenden Skifahrer. Steige in diesen Hang nicht ein!

Hat der Block trotz des bereits massiven zweiten und dritten Sprungs mit Ski gehalten, dürfen wir uns sicherer fühlen. Beim Skifahren treten kaum höhere Belastungen auf – bei einem «ordentlichen» Sturz allerdings schon (vgl. Seite 164)! Den müssen wir mit einem Sprung ohne Ski gleichsetzen. Durch diesen läßt sich die punktuelle Belastung deutlich erhöhen. Bricht eine Schicht jetzt ab (gar erst beim Gewicht von zwei Personen), ist der Hang bei «kultivierter» Fahrweise fast so sicher wie in dem Fall, daß überhaupt nichts abgetreten werden kann. Totale Sicherheit gibt es aber nie!

sackschaufel abzuziehen. Auch hier gibt es wieder verschiedene Belastungs- und Beurteilungskriterien.

Diese mehr Erfahrung, aber auch deutlich weniger Zeitaufwand erfordernde Methode kommt jedoch eher während der Tour in Frage und wird später behandelt (vgl. Seite 103–104).

Sowohl Rutschkeil- oder -blocktest als auch die Norwegermethode sind aber nur *ein* Kriterium der Gefahrenbeurteilung und des Bestrebens, das Risiko möglichst zu minimieren. Niemals darf man sich darauf allein verlassen! Die Spannung kann im selben Hang aufgrund eventuell existierender labiler «Taschen» erheblich differieren, d. h., man hat nie die Gewähr, einen idealen Testort gefunden zu haben. *Auch bei einem günstigen Ergebnis z. B. des Rutschblocktests sollte der Skibergsteiger zusätzlich den Lawinen- und Wetterbericht hören und sich bei der Anlage einer möglichst sicheren Aufstiegs- und Abfahrtsspur stets allergrößte Mühe geben!*

Die Wetterentwicklung

Wichtigstes Hilfsmittel neben dem Wetterbericht ist der *Höhenmesser*. Er reagiert auf den Luftdruck. Auf einem Gipfel ist dieser geringer als im Tal, d. h., beim Bergsteigen verändert sich dadurch die Höhenanzeige. Bleiben wir nun, z. B. über Nacht, am selben Ort, so können wir dieses Verhalten auch als Barometer nutzen. Haben sich die Werte am Ort verändert, dann müssen die Luftdruckveränderungen auf Wettereinflüsse zurückgeführt werden.

Bei guten Höhenmessern, die auch den auf Meereshöhe reduzierten Luftdruck anzeigen, arbeitet man gleich mit dieser Skala und nicht indirekt über die Höhenanzeige:

Normaldruck = 1013 Hektopascal (hPa); früher 1013 Millibar (mb)
kräftiges Hoch 〉 1025 hPa, selten 〉 1040 hPa
Tiefdrucklage 〈 1000 hPa, selten 〈 980 hPa (Orkantief 940 hPa)

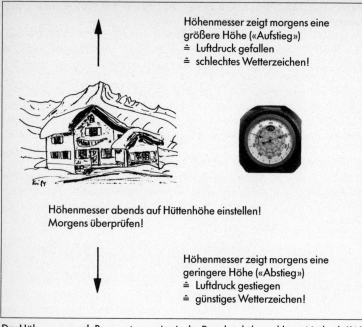

Höhenmesser zeigt morgens eine
größere Höhe («Aufstieg»)
≙ Luftdruck gefallen
≙ schlechtes Wetterzeichen!

Höhenmesser abends auf Hüttenhöhe einstellen!
Morgens überprüfen!

Höhenmesser zeigt morgens eine
geringere Höhe («Abstieg»)
≙ Luftdruck gestiegen
≙ günstiges Wetterzeichen!

Der Höhenmesser als Barometer — eine in der Regel recht brauchbare Methode! Wir dürfen allerdings nicht übersehen, daß neben der Höhe auch die Temperatur den Luftdruck beeinflußt. Kaltluft ist schwerer, warme Luft leichter (vgl. auch Seite 116).

Skalen und Möglichkeiten eines guten Höhenmessers, der das unmittelbare Ablesen des Luftdrucks gestattet.

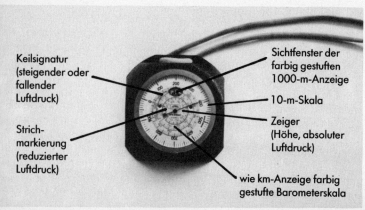

Keilsignatur
(steigender oder
fallender
Luftdruck)

Strich-
markierung
(reduzierter
Luftdruck)

Sichtfenster der
farbig gestuften
1000-m-Anzeige

10-m-Skala

Zeiger
(Höhe, absoluter
Luftdruck)

wie km-Anzeige farbig
gestufte Barometerskala

Am besten ist es, die Luftdruckveränderungen in Verbindung mit weiteren ergänzenden Beobachtungen zu beurteilen:

● *Günstig:* Langsamer Luftdruckanstieg von 0,25 bis 0,5 hPa/Stunde, Abendrot, konstanter Ostwind, sonnige Tage und nächtlicher Frost bei klarem Himmel kündigen gute Verhältnisse an oder sind ein Zeichen dafür, daß es «Tourenwetter» bleibt, wohingegen 1 bis 2 hPa/Stunde meist nur Zwischenhochdruckkeile signalisieren.

Fiel vor dieser Phase länger kein nennenswerter Neuschnee, wird die Schneedecke außerhalb der Piste überwiegend tragen. Insbesondere südseitig und vielleicht ostseitig (dann etwas früher) oder westseitig (dann etwas später) ist «Firn-Time». Nordhänge bieten oft noch Tiefschnee, der aber schon ziemlich gesetzt sein kann.

Hat es vorher in Maßen geschneit und ist es nun unter diesen guten Wetterbedingungen in der Nacht kalt und klar, kann man sich – unter Einhaltung aller Vorsichtsmaßnahmen – meist überall auf Tiefschnee-, nicht selten herrliche Pulverabfahrten freuen. Leehänge, Rinnen und Mulden sind aber zu meiden. (Dazu im nächsten Kapitel mehr). Und man wird spuren müssen!

● *Ungünstig:* Luftdruckabfall – sofern er nicht nur geringfügig und damit ein Zeichen der Lufterwärmung tagsüber ist – von 0,5 hPa/Stunde deutet auf ein längerfristiges Tief hin, von 2 hPa/Stunde gar auf einen Wettersturz. Schlechte Zeichen sind darüber hinaus Morgenrot und rasch von Westen segelnde Wolken, ein weißlich werdender Himmel, nächtliche Spektralringe – ein «Hof» – um den Mond.

Gab es schon länger keine Niederschläge, können wir unter Umständen trotzdem auf Tour gehen, werden aber Sulzschnee vorfinden, oder die Schneedecke trägt überhaupt nicht. Bei extremen Warmlufteinbrüchen dürfen allerdings keine Touren unternommen werden. In der Regel entladen sich die Hänge sehr rasch.

Schneit es während der Nacht ergiebig, also 30 bis 50 cm: Riskiere nichts! Steige dann nicht auf, wenn der Schneefall mit Wind einherging und mächtige Triebschneeablagerungen in den Leehängen entstanden sind. Es besteht Lawinengefahr! Handelt es sich dagegen eindeutig um nicht unter Windeinfluß gefallenen Pulverschnee, besteht keine Schneebrettsituation. Auch bei einem halben Meter Neuschnee (nicht aber mehr) könnte dann abgefahren werden, doch ist lokal mit Lockerschneelawinen zu rechnen. Können wir den ungefährlicheren Lockerschnee nicht eindeutig vom schneebrettgefährlichen Festschnee, der durchaus sehr weich sein mag (!), unterscheiden, ist es besser abzuwarten, bei 0 °C Lufttemperatur einen, bei Minusgraden etwa drei Tage. Regel: Solange der Neuschnee in den Bäumen hängt und nicht abgefallen ist, solange geben wir der Schneedecke noch Zeit zum Setzen.

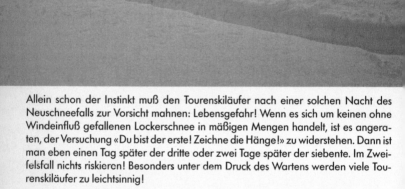

Allein schon der Instinkt muß den Tourenskiläufer nach einer solchen Nacht des Neuschneefalls zur Vorsicht mahnen: Lebensgefahr! Wenn es sich um keinen ohne Windeinfluß gefallenen Lockerschnee in mäßigen Mengen handelt, ist es angeraten, der Versuchung «Du bist der erste! Zeichne die Hänge!» zu widerstehen. Dann ist man eben einen Tag später der dritte oder zwei Tage später der siebente. Im Zweifelsfall nichts riskieren! Besonders unter dem Druck des Wartens werden viele Tourenskiläufer zu leichtsinnig!

Gefahrenstufe	durchschnittliche Lawinengefahr	Neuschnee pro Niederschlagsperiode	
		ohne Wind	bei starkem Wind
1	geringe lokale Schneebrettgefahr	10–30 cm	10–20 cm
2	mäßig lokale Schneebrettgefahr	30–50 cm	20–40 cm
3	erhebliche/große lokale Schneebrettgefahr	50–90 cm	40–70 cm
4	mäßige allgemeine Lawinengefahr	90–120 cm	60–80 cm
5	erhebliche allgemeine Lawinengefahr		

Gefahr nach Neuschneefall (MUNTER 1984, 40)

Um einem Anfall von «Hüttenkoller» vorzubeugen, übt man den Umgang mit dem Verschütteten-Suchgerät oder die Spaltenbergung, liest ein gutes Buch, fährt einkaufen, genießt es, stundenlang Zeit für das Zubereiten und «Zelebrieren» eines Essens zu haben, oder man betätigt sich künstlerisch (oben). Im Tiefschnee ging das heute nicht, wohl aber auf der Hüttenbank. Allein schon die Tatsache, daß sich der Schnee zu einem Elefanten formen ließ, zeigt, daß es sich keinesfalls um lockeren und damit ungefährlicheren Pulverschnee handelte, die Entscheidung, nicht aufzusteigen, absolut richtig war!

Der Aufstieg mit Ski

Bevor es losgeht

Der Vorabend
Es geht nicht darum, einem weltfremden Asketentum das Wort zu reden, aber man sollte nicht vergessen, daß zwischen dem Verlauf des Vorabends und dem Gelingen der geplanten Tour ein gewisser Zusammenhang besteht. Vor allem «Frischlinge» lassen sich im Gebirge anfangs noch gerne von dem Flair einer möglichen «Gaudi» zu sehr mitreißen und haben dann anderntags unter Umständen ein Mißerfolgserlebnis. Wenn es sein muß, dann sollte stets *nach* einer gelungenen Tour gefeiert werden.

Vorher konzentriert man sich besser auf Wichtigeres: Achte beim Rucksackpacken darauf, daß die weichen Teile (z. B. Ersatzwäsche, Kleidung) an die Rückenseite geschoben werden, die schweren Gegenstände (z. B. Karabiner) weit oben und nahe an den Körper zu liegen kommen; die während der Tour immer wieder benötigten Sachen (z. B. Karte, Kompaß) werden in der Deckeltasche verstaut!

Stehe frühzeitig auf!
Aus Gründen der Sicherheit (vgl. Seite 58–61, 98) und des optimalen Abfahrtsgenusses (vgl. Seite 156–159) dürfen Skibergsteiger keine «Morgenmuffel» sein.

Hinterlasse möglichst eine Nachricht über das Tourenziel und die beabsichtigte Route!

Niemand sollte so selbstherrlich sein, das Auftreten etwaiger Probleme oder gar Unfälle für seine Person grundsätzlich auszuschließen. Sich selbst zu über- und das Gebirge zu unterschätzen, kann der erste und gleichzeitig letzte Fehler sein! Kommt man innerhalb einer gewissen Zeit nicht wieder von der Tour zurück, so ist es womöglich lebensrettend, wenn andere von dem Vorhaben gewußt haben oder das Ziel im Hüttenbuch eingetragen wurde.

Frage die wichtigsten Ausrüstungsteile ab!

Erkundige dich, wenn du mit einer Gruppe gehst und dies niemand anders macht, vor dem Abmarsch nochmals ganz gezielt, ob die wichtigsten Ausrüstungsgegenstände dabei sind, z. B. Verschütteten-Suchgerät, Lawinenschaufel, Steigfelle, Harscheisen, Biwaksack, Apotheke, Reparaturwerkzeug, Luftkammerschiene, Skiverschraubung, zusätzlich Sonnenbrille, Mütze, Handschuhe! Dadurch erspart man sich oft viel Ärger.

Setze nach dem Aufziehen der Felle das Verschütteten-Suchgerät in Betrieb und überprüfe es!

Teste die Betriebsbereitschaft! (Bei ORTOVOX blinkt z. B. nach dem Einschalten eine Kontrollampe auf.)

Gruppenleiter: «Senden». *Teilnehmer:* «Empfang». Wird das sendende Gerät von allen gehört?

Teilnehmer: «Senden». *Führer:* «Empfang». Er stellt sich in einem Abstand von etwa 15 m auf, läßt alle anderen einzeln und wiederum mit größerem Abstand vorbeigehen, überprüft somit die Funktionsfähigkeit «Senden» jedes einzelnen Geräts.

Führer stellt auf «Senden».

Das Verschütteten-Suchgerät ist grundsätzlich am Körper zu tragen, *nicht* im Rucksack oder Anorak!

Unterschätze die Strahlungskraft der Sonne nicht!

Die ultraviolette Strahlung ist im verschneiten Hochgebirge besonders stark. Sie kann zu Sonnenbrand, Sonnenstich, Hitzschlag oder Schneeblindheit führen. Erkennungsmerkmale sind brennende Augen, brennende Haut, roter Kopf, Kopfschmerzen.

● Gehe nicht im kurzärmeligen Hemd, nicht in kurzen Hosen oder gar mit nacktem Oberkörper!

● Trage eine Kopfbedeckung, möglichst mit breiter Krempe!

● Benutze eine gute Sonnenbrille! Hier gibt es keine Kompromisse! Sie muß das gesamte UV-Licht blockieren, d. h., man sollte sie beim Optiker und nicht am Pisten-Kiosk kaufen! Und sie darf unten und an der

Saubere, trockene Laufflächen der Ski und ein sorgfältiges Aufziehen der Steigfelle zahlen sich unterwegs meist aus.

Seite kein reflektiertes Streulicht durchlassen. Dieses ist enorm gefährlich, weil es im Gegensatz zur Bestrahlung von oben, wo die Augenbrauen schützen, die Pupillen direkt trifft. Und bei stark getönten Gläsern sind jene auch noch geweitet, so daß das Reflexionslicht ungehindert auf die Netzhaut treffen kann. Normale Brillen verschließt man seitlich, indem man ein Lederläppchen über den Bügel schiebt. Richtige Gletscherbrillen aber hätten darüber hinaus den Vorteil auch noch eines Nasenschutzes, wenngleich sie das Blickfeld etwas einschränken, was das Abfahren manchmal stört.

● Reibe Gesicht, Ohrläppchen und Handrücken mit Mitteln mit einem hohen Lichtschutzfaktor ein: Stärke 12 oder gleich 15er Blocker! Nicht jeder verträgt allerdings jeden Stift.

Wer sich nicht gegen die gnadenlose Sonne schützt, der zieht sich in kürzester Zeit Verbrennungen zu. Besonders dann, wenn sich kein Wind regt und auch zwischen 3000 und 4000 Metern eine drückende Hitze auf dem Bergsteiger lastet, ist die Versuchung groß, unvorsichtig zu sein. Andererseits droht bei zu schwerer Bekleidung ein Hitzestau. Der ideale Kompromiß: Nur leichte Kleidung, die aber sämtliche gefährdeten Körperteile abdecken soll. Noch problematischer aber sind Sonne und Kälte. Nicht selten verhindern Wind und niedrige Temperaturen, das akute Risiko der Lichteinstrahlung überhaupt wahrzunehmen.

Regeln für das Gehen

Heterogene Gruppe

- Das erfahrenste Gruppenmitglied geht an der Spitze bzw. an der zweiten Position, wenn es nach dem Spuren abgelöst wurde.
- Der konditionell Schwächste schließt sich direkt dem Führer an, der ausdauerndste Teilnehmer geht am Schluß.
- Die stärkeren Mitglieder nehmen das Gepäck und/oder spuren.
- Zu berücksichtigen ist, daß einige aufgrund ihrer Ausrüstung Probleme haben können, z. B. bei unzureichender Fersenfreiheit oder fehlender Steighilfe (vgl. S. 36).

Homogene Gruppe

- Der erste tritt, sollte gespurt werden müssen, vor Eintritt einer merklichen Ermüdung zur Seite, reiht sich *hinten* ein usw.

Tourengeher unterschiedlichen Alters und Geschlechts, verschiedener alpiner Erfahrung, unterschiedlicher Fahrtechnik und Kondition bilden eine heterogene Gruppe. Diese Abbildung zeigt uns als Beispiel eine Familientour zur Maighelshütte des Schweizer Alpenclubs. Hauptaufgabe des Vorausgehenden ist dabei meist die Wahl des richtigen Tempos und das Tragen des Gepäcks.

Grundsätzliches

- Niemals außer Sicht- und Rufweite geraten! Bei Nebel darf der Kontakt zum Vordermann nicht verlorengehen.
- In den ersten 15 Minuten betont langsam losgehen. Je Schritt nur einmal aus- und einatmen. Frage: «Soll ich langsamer steigen?» Nicht: «Wer kommt nicht mit?» In diesem Fall erhält man selten eine ehrliche Antwort.
- Spätestens nach einer halben Stunde kurz anhalten (Marscherleichterung, Ausrüstungskontrolle), aber keine Pausen einlegen. Die vom Aufziehen der Felle klammen Finger sind angenehm durchblutet, und der Organismus arbeitet nach dem Kaltstart jetzt ruhig und ökonomisch. Es wird warm! Eine Bekleidungsschicht, z. B. die Faserpelzjacke, kann kurz abgelegt werden – ohne daß man sich dabei zur Pause hinsetzt und den physiologischen «warm-up-Effekt» wieder abklingen läßt. Nicht immer zieht man aber auch die dünne Windjacke aus, denn sie schützt gegebenenfalls trotz des aktivierten Kreislaufs und der Sonne gegen den leichten, doch permanent vorhandenen Wind. Besonders empfehlenswert ist dieser anfängliche Halt in der Gruppe. Jeder hat nach einer gewissen Zeit irgend etwas «zu fummeln», und es ist besser, dies einmal und gemeinsam zu tun, als alle 200 Meter stoppen zu müssen. Spätestens jetzt sollten auch sich abzeichnende Problemstellen an den Füßen mit Leukoplast überklebt werden.

Ein «Bergrennen»! Wer so steigt, der muß seine körperlichen Fähigkeiten im Verhältnis zur zeitlichen Dauer der Tour genau einschätzen können, sollte unbedingt wissen, daß er ein Ausdauertraining absolviert und höchstens drei Stunden durchhalten kann.

Durch forciertes Gehen wurde diese Gruppe von fünf zusammengehörenden Tourenskiläufern gesprengt. Zumindest die beiden letzten, die dem Tempo offensichtlich nicht gewachsen sind, kommen dadurch noch mehr unter Druck. Aus diesem Grund ist das Abreißen der Schlange möglichst zu vermeiden.

- Gleichmäßig gehen und das Tempo insgesamt so wählen, daß die Herzfrequenz der schwächsten Teilnehmer auf keinen Fall 120 Schläge pro Minute überschreitet. Ansonsten endet sie sehr bald. Die Tour soll ein Genuß sein und ist nicht dazu da, sich Kondition zu holen. Die muß man sich schon vorher zu Hause aneignen. Dadurch ökonomisieren sich die Kreislauffunktionen, d. h., das trainierte Herz arbeitet rationeller. Es schlägt während des Aufstiegs nicht sehr viel schneller als normal, sondern pumpt mehr sauerstofftransportierendes Blut pro Pulsschlag in den Körper.
- Auch bei langsamerem Tempo sollte nach etwa zwei Stunden Brotzeit gemacht werden, doch ist während dieser Zeit – abgesehen vom anfänglichen Halt zur Marscherleichterung – gleichmäßig ruhig und ohne Unterbrechung zu gehen. Ständige Rhythmusstörungen kosten Kraft und Nerven, sind im Endeffekt wesentlich anstrengender als ein unaufhaltsamer «Bergtrott».

Das Matterhorn kann es natürlich nicht immer sein, aber der Panoramablick ist durchaus ein wichtiges Kriterium der Rastplatzwahl, ebenso wie die Sicherheit und Windgeschütztheit. Pause nach zwei Stunden Aufstieg: ein Schluck gesüßter, warmer Tee mit Zitronensaft, Vollkornbrot, ein Rippchen Schokolade und ein Bissen Banane. Aus physiologischer Sicht sind sie jetzt wichtiger als eine Dose eiskaltes Bier. *Abfälle mitnehmen!*

Die richtige Steigtechnik

- Die Spur soll hüftbreit sein, es entsteht ein «Mittelsteg». So scheuern die Schuhe nicht aneinander, und sicheres Steigen ist möglich.
- Den Ski mit der ganzen Lauffläche aufsetzen und richtig belasten. Nur bei harter und stark geneigter Unterlage wird aufgekantet oder die Kante gar eingeschlagen. Am besten montiert man dann aber gleich die Harscheisen oder trägt die Ski am Rucksack.
- Gezogen bzw. geschoben wird der Ski dagegen unbelastet, damit bei Neuschnee die Schaufel aus der «weißen Pracht» steigt; danach erst wieder belasten und heruntertreten. Ansonsten wird der Ski nicht angehoben. Dies spart Energie und verhindert eine Stollenbildung.
- Im flacheren Gelände wendet man allmählich in Bögen, im steileren mit der Spitzkehre. Während der Passagen zwischen den Kehren empfiehlt es sich, den Bergstock tiefer zu fassen.

Hüftbreit gehen. Die Ski durch deutliche Gewichtsverlagerung abwechselnd und jeweils voll belasten. Wer das Gesäß zu weit nach hinten nimmt oder zuviel Körpergewicht auf die Stöcke verteilt, der steht zu zaghaft auf dem Ski, so daß dieser immer mal wieder trotz des Steigfells nach hinten abrutscht.

Harscheisen dienen der Sicherheit. Sie werden zwischen Schuh und Bindungsplatte gelegt. Wird der Ski belastet, greifen sie (zumindest auf seiner Bergseite), wird er gezogen, geben sie die Verbindung mit dem harten Untergrund auf.

Spitzkehre bergwärts: An günstiger Stelle lenkt man die Ski annähernd in die Horizontale. Ein bergan gestellter Ski könnte während der Kehre zurückrutschen. Den hangseitigen Stock ganz nach hinten nehmen und den Bergski möglichst in einem Zug wenden, dann den Talski!

In sehr steilem Gelände oder bei tiefem Neuschnee kann es mühsam bis schwierig sein, den Innenski zu wenden. Es besteht die Gefahr, hängenzubleiben oder hintenüberzukippen. Manchmal ist es daher sinnvoller, die Spitzkehre tal- statt bergwärts zu machen: beide Stöcke nach hinten, Talski wenden, Bergski nachholen! Voraussetzung ist ein gewisses Maß an Beweglichkeit und die Fähigkeit, während dieses Manövers in die Tiefe blicken zu können. Oder man lernt gleich die in jedem Gelände anwendbare Kickkehre.

Eine in jedem Gelände anwendbare Alternative — die «Kickkehre» bergwärts für den Fortgeschrittenen: Zurückschwingen des Bergskis und Kick-Belastung des Skiendes (Foto 1). Dieses kippt nach unten, die Spitze hebt sich, und der Ski kann auch bei steilem Hang gedreht werden (Foto 2). Beim Nachsetzen des Talskis schwingt das Skiende ebenfalls durch den Kick nach unten und ermöglicht das leichte Skidrehen bergwärts.

Bei ausgesprochenen Skihochtouren bleibt einem manchmal gar nichts anderes übrig, als die Ski zu tragen. Wesentlich sicherer steigt man dann, wenn sie dabei nicht über die Schulter gelegt werden müssen, beide Hände frei sind, zum Klettern, zum Schlagen von Firnstufen und Hinaufhangeln am Seil.

Unten: Mit den Riemchen an der Außenseite des Rucksacks werden die Ski möglichst hoch befestigt und oben durch einen Clip zu einem Dreieck zusammengehalten,

damit sie nicht in die Waden stoßen. Dies verschafft eine gute Bewegungsfreiheit zum Steigen. Sollten die Ski bei steilem Bergabgehen im Schnee schleifen, können sie auch quer unter der Deckeltasche des Rucksacks getragen werden, wenn dieser nicht zu leer ist und Felsen oder Bäume nicht ständig hindern. In der Regel aber fixieren wir sie wie oben — nicht nur während «alpiner Tätigkeiten», sondern insbesondere auch vor tourabschließenden Fußmärschen im unten ab Ostern schneearmen Bereich. Die Ski in dieser Situation vom Mer de Glace mehr als eine Stunde lang über die Schulter nach Chamonix hinabzutragen, wäre viel mühsamer. So allerdings können wir auf die «Überholspur» gehen.

Die Spur anlegen

- Die Spur soll durch entsprechend kluges Ausnutzen des Geländes gleichmäßig ansteigen. Vorausschauen! Sie schon in Gedanken grob anlegen.
- Hänge mit Tiefschnee, insbesondere konkave Bereiche, möglichst umgehen.
- Der Einsatz von Spitzkehren ist möglichst lange zu vermeiden; Bogengehen strengt bedeutend weniger an.
- Keine (ermüdende) unterschiedlich hohe Spur wählen oder anlegen.

Wer die Landschaft genießen und lange steigen will, wer für eine Gruppe verantwortlich ist und auch wirklich mit allen am Gipfel ankommen will, der sollte die Aufstiegsspur nicht zu steil anlegen, sich an die 15° dieses Fotos oder etwas mehr halten. Auf eine Kehre mehr oder weniger kommt es letztlich nicht an. Doch ist das — im Gegensatz zu den später begründeten Sicherheitskriterien — reine Ansichtssache bzw. eine Frage der Kondition. Gleich starke Skibergsteiger, die ihr körperliches Limit in bezug auf die Routenlänge genau abzustimmen in der Lage sind, können durchaus auch mal ihren Spaß daran haben, quasi «in der Direttissima hinaufzustieren». Jedem das Seine, solange es nicht auf Kosten anderer geht. Die Regel ist es nicht!

Wer bei der Spuranlage nicht schon in Gedanken deutlich voraus ist und einfach blindlings drauflosmarschiert, z. B. in den eingerahmten hügeligen Bereich (oben), der darf sich nicht wundern, wenn sich plötzlich jede dieser «Bodenwellen» als beachtlicher Steilhang entpuppt (unten). Ihre Schatten lassen dies sehr gut erkennen. Durch diese Hänge hinaufzuspuren heißt nicht nur, gefährlich zu leben, sondern auch, während dieser Teiletappe einen großen Teil seiner Kraft relativ unüberlegt zu verbrauchen. Wer dagegen rechtzeitig «mitdenkt», der kann hier trotz der gewaltigen Hindernisse durchaus eine halbwegs gleichmäßig und damit ökonomisch ansteigende Spur legen, körperliche Substanz für die einstündige Tiefschneeabfahrt sparen. Befindet man sich erst einmal zwischen den Wellen, geht der Überblick völlig verloren.

Durch allmähliche Bögen die Richtung zu ändern ist ökonomischer, als ständig Spitzkehren zu machen.

Das Gehen in einer abgetretenen Spur kann recht unangenehm sein, was man hier deutlich sieht. Sämtliche Gruppenmitglieder sollten an den Nachfolgenden denken, sich konzentrieren und das Abrutschen vermeiden. Findet man schon eine unterschiedlich hohe (womöglich noch vereiste) Spur vor, so empfiehlt sich oft die Anlage einer neuen.

Ökonomisch aufzusteigen bedeutet auch, wegen unvermeidbarer kurzer Abfahrts-
passagen nicht jedesmal die Felle abzuziehen. Da die Felle insbesondere unten im
Auslauf schnell bremsen, wird der Körperschwerpunkt deutlich zurückverlagert und
oft eine Schrittstellung eingenommen, um ein Vornüberstürzen zu vermeiden. Bestimmte Bindungen lassen sich allerdings, ohne daß man sich bücken muß, mit dem
Skistock schnell fixieren und wieder öffnen – sofern sich nicht zuviel Schnee in der
Mechanik befindet. Da Fellabfahrten zwar meistens recht lustig, aber immer mit
einem gewissen Risiko verbunden sind, haben sie dort zu unterbleiben, wo auf gefrorenen Hängen Absturzgefahr besteht.

Wildfreundlich handeln

- Zwar nicht alle, aber doch manche Wildtiere gewöhnen sich an immer dieselben und regelmäßig auftretenden Störgrößen, wenn diese nicht so überraschend auftauchen wie ein Abfahrer, sondern sich von weitem langsam und deutlich erkennbar annähern. Wegen eines aufsteigenden Skitouristen reagiert die angepaßte Gemse kaum mit panischer und energiezehrender Flucht, benutzt jener die üblicherweise begangene, d. h. die im Führer oder der Skikarte empfohlene Route.
- Halte dich an diese Empfehlungen! Lege keine neue Spur an, wenn die bereits vorhandene ökonomisch und lawinensicher zu sein scheint! Ist die alte vereist oder einseitig abgetreten, dann steige in unmittelbarer Nähe zu ihr auf!
- Meide Deckungsmöglichkeiten für Wild, wie Hochwälder, Gehölze, apere Stellen oder Felsblöcke! Bevorzuge freies Gelände, wenn dabei eine sichere Spuranlage nicht ausgeschlossen wird!
- Pirsche das Wild niemals an! Entdeckst du es, dann gehe normal weiter und unterhalte dich mit deinen Begleitern, damit die Tiere (bei ungünstigem Wind) auf dich aufmerksam werden! Erschrecke sie aber nicht durch plötzliches Rufen oder Winken mit dem Anorak!
- Wer mehr über Wildtiere im Winter und das sinnvolle Verhalten des Menschen ihnen gegenüber wissen möchte, der kann sich vom Deutschen Alpenverein kostenlos ein Merkblatt zuschicken lassen: DAV, Weißenfelder Straße 4, 8011 Heimstetten.

Die Lawinengefahr

Jedes Jahr sterben in den Alpen durchschnittlich 100 Menschen den grausamen «Weißen Tod» durch Ersticken, Verletzung, Unterkühlung oder Schock. Dabei darf allerdings nicht übersehen werden, daß es in Jahren mit einem besonders risikovollen Schneedeckenaufbau auch traurige «Rekordwinter» mit doppelt so vielen Toten gibt. Die meisten von ihnen könnten noch leben, denn drei Viertel aller Bergunfälle sind selbst verschuldet.

Nicht nur bei der Vorbereitung zu Hause und der Analyse der Schneedeckenbeschaffenheit vor der Tour sollte einem daher die Lawinengefahr ständig bewußt sein, sondern vor allem auch beim Gehen im Gelände, der

Bei einer Fixierung des Schnees im Fels, beim Übergang von einem rauhen zu einem glatten Untergrund ...

... bei einer Zunahme der Schneedecke ...

... und an konvexen Geländeknicken wirken ZUGKRÄFTE ...

... zwischen den Schneeschichten SCHERKRÄFTE und ...

... beim Übergang in flacheres Gelände DRUCKKRÄFTE.

Bewegungen und Spannungsverhältnisse in der Schneedecke

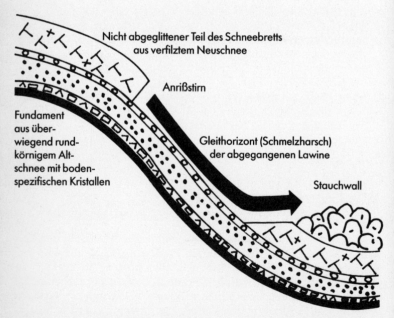

Nicht abgeglittener Teil des Schneebretts aus verfilztem Neuschnee

Anrißstirn

Fundament aus überwiegend rundkörnigem Altschnee mit bodenspezifischen Kristallen

Gleithorizont (Schmelzharsch) der abgegangenen Lawine

Stauchwall

Wichtigstes Kriterium ist die *Scherfestigkeit* zwischen den Schneeschichten. Ist sie gering, wie hier zwischen harter Schmelzharschschicht und verfilztem Neuschnee, genügt die geringste Störung des Gleichgewichts, z. B. durch einen Skifahrer, um das Schneebrett auszulösen.

Spuranlage. *Etwaige positive Rutschblockergebnisse sind genausowenig eine Lebensversicherung wie das Tragen des Verschütteten-Suchgeräts.*
Da es sich bei 90 Prozent aller tödlichen Lawinenunfälle um ausgelöste *Festschneelawinen* («*Schneebretter*») handelt, die für uns *die* dominante Gefahr darstellen, wollen wir uns auch hauptsächlich auf sie konzentrieren, dabei aber die *Lockerschneelawinen* dennoch nicht aus dem Auge verlieren. Zwar sind sie bei trockenem Schnee vergleichsweise «harmlos», nicht aber unbedingt als nasse Grundlawine (vgl. Seite 98).
Das Gefährliche am Schneebrett ist, daß die unzähligen Partikel der Schneedecke im Gegensatz zum Lockerschnee sehr dicht aneinander liegen, somit Kräfte über größere Distanzen zu übertragen in der Lage sind. Daher können sich – wie links dargestellt – großflächig Spannungen aufbauen und ganze Hänge abgleiten.
Durch die zueinander engen Kontakt haltenden Schneepartikel ist beim Schneebrett anders als bei der Lockerschneelawine auch eine sogenannte *Fernauslösung* möglich, d. h., die Spannung wird irgendwo durch Auf-

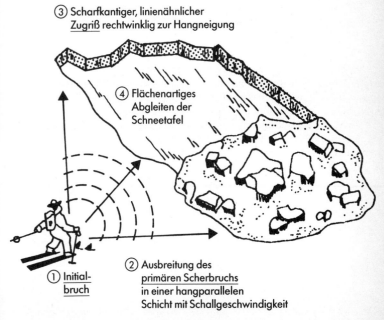

③ Scharfkantiger, linienähnlicher Zugriß rechtwinklig zur Hangneigung

④ Flächenartiges Abgleiten der Schneetafel

① Initialbruch

② Ausbreitung des primären Scherbruchs in einer hangparallelen Schicht mit Schallgeschwindigkeit

Fernauslösung einer *Festschneelawine* (Schneebrett). Die sehr eng benachbarten Schneepartikel übertragen die wirkenden Kräfte rasch, d. h., der Zugriß kann in deutlicher Entfernung zu dem verursachenden Tourengeher erfolgen.

Lockerschneelawinen sind in der Regel kleiner. Sie reißen nur punktförmig an und vergrößern sich birnenförmig. Eben aufgrund der Lockerheit des Schnees werden Kräfte nicht blitzschnell großflächig übertragen. Die Stoßenergie wird nach dem Schneeballsystem einer Kettenreaktion weitergegeben. Dort, wo die Lawine beginnt, nämlich unter den Skiern des Bergsteigers, ist sie auch ausgelöst worden.

Selbstverständlich ist das beim Schneebrett ebenfalls möglich. Dann geht nicht (wie auf S. 91) der Scherriß dem Zugriß voraus, sondern der Zugriß verursacht den Scherbruch (vgl. Seite 178). Dieser kann z. B. oberhalb einen weiteren Zugriß, damit im Unterschied zur Lockerschneelawine ein großflächiges Abgleiten des Hanges verursachen. Der Skibergsteiger steht quasi «mitten drin».

steigende gestört, und es kommt zum Bruch zwischen zwei hangparallelen Schichten. Dieser *primäre Scherbruch* breitet sich mit Schallgeschwindigkeit aus. Das gesamte Schneebrett hängt nur noch in der Zugzone fest, gleitet dann – nach einem sich blitzschnell über unter Umständen viele Meter erstreckenden *Zugriß* – großflächig ab. Der Skibergsteiger hat die auf einer Breite von vielleicht hundert Meter angerissenen Schneemassen eventuell über sich und keine Chance. An die vielgepriesene Flucht durch Schußfahrt ist kaum zu denken, während des Anstiegs mit der auf «Tour» geschalteten Bindung und den Fellen schon gar nicht. Eine Lockerschneelawine reißt dagegen punktförmig an, ist also nicht von Anfang an so breit; sie umfaßt meist dünnere Schichten, und eine Fernauslösung großer Schneemassen ist nicht möglich.

Wo kann lokale Lawinengefahr bestehen?

Hangneigung

Gefährlich, so zeigen verschiedene Statistiken, sind Hangneigungen von 25/30° bis 45/50°. Dieser in der Abbildung nebenstehend schwarz gekennzeichnete Sektor ist daher in der Regel der gefährlichste, und der von 28°–35° ist gefährlicher als der von 45°–50°, da die Auslösezone der

Lawine (Scherbruch) durchaus weniger steil sein kann als die Zugzone, die der genannten Statistik zugrunde liegt.

(Es sei aber ausdrücklich darauf hingewiesen, daß im Falle einer schlechten Schneedeckenbeschaffenheit in allen diesen Bereichen absolute Lebensgefahr besteht. «Weniger gefährlich» meint lediglich eine geringere statistische Häufigkeit von ausgelösten Schneebrettern, nicht etwa ein geringeres Ausmaß derselben!)

Über 45/50° Hangneigung geschehen weniger Unfälle, weil sich (a) größere Schneemengen dort nicht halten können und häufiger kleinere Teile abgleiten, sich (b) bei dieser Neigung nur noch wenige Bergsteiger mit Ski bewegen. Bei besonderen Verhältnissen sind größere Lawinenabgänge allerdings bis 60° möglich. Unter 25/30° hat der «Weiße Tod» weniger

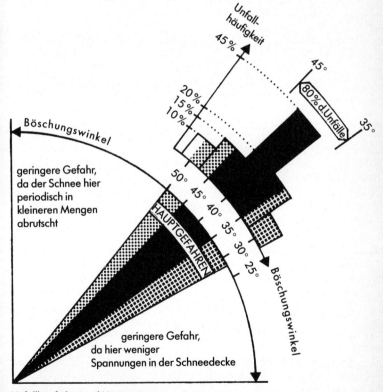

Unfallhäufigkeit und Hangneigung.
Der Zeichnung liegen Zahlen von Munter (1984) zugrunde; ähnlich Gabl/Lackinger 1985 und Kellermann 1975.

Chancen, da geringere Spannungen in der Schneedecke entstehen, doch reichen bei einem Schwimmschnee-Unterbau auch geringere Neigungen aus, um eine Lawine auslösen zu können – und diese sind dann oft naß und schwer.

In diesem gut 60° geneigten Hang können sich kaum größere Schneemengen über längere Zeit halten. Periodisch gehen immer wieder Rutschen von alleine ab.

Hangexposition

Gefährlich sind insbesondere *Windschattenhänge* der Leeseite eines Berges oder Kammes, also in der Regel Ost- bzw. Nordosthänge. Durch Windverfrachtung lagern sich dort meist große Mengen Triebschnee ab (vgl. Seite 53–55), auch ohne daß es dabei gleichzeitig schneien muß. Bereits bei mäßig starkem Wind von Windstärke 3(–4), das sind 3(–8) m/sec oder 12(–28) km/h, beginnen die Schneepartikel mit dem Wind zu fliegen oder zu hüpfen. Beträgt die Schneehöhe 30 Meter vor einem Kamm z. B. 0,5 Meter oder weniger (Schnee-Erosion), so liegen dahinter oft 2 bis 4 Meter Schnee. Man kann sich vorstellen, welche enorme Wirkung dann gar Höhen- oder Föhnstürme haben.

Für die Entstehung von Schneebrettern sind die Winde der entscheidende Faktor. Sie verfrachten nicht nur den Schnee und konzentrieren ihn an ganz bestimmten Stellen, unter Windeinfluß werden die Schneekristalle auch schon in der Luft zerschlagen, unten weitertransportiert, auf 10 % ihrer Ausgangsgröße reduziert und quasi wie ein Schotterfeld «eingerüttelt» (mechanische Schneeumwandlung). Windtransportierter Schnee ist zwar oft weich, aber trotzdem dicht gepackt und damit festschnee-, d. h. schneebrettgefährlich. Seine Dichte ist dreimal so hoch wie die des bei Windstille gefallenen Schnees. Kräfte können sehr schnell übertragen werden, wenn ein Scherbruch ausgelöst wird.

Schneetreiben: Vor dem Hintergrund der dunklen Hütte ist besonders gut zu erkennen, wie der Wind die Schneeflocken vor sich herpeitscht. An einem solchen Tag entstehen Packschnee und Schneebretter.

«Am 31. Dezember befanden sich [im Loferer Hochtal] sieben junge Bayern auf dem Anstieg zu einer Wochenendhütte, wo sie Silvester verbringen wollten. An diesem Tag brachte ein stürmischer Nordwestwettereinbruch [vgl. Seite 28–29] den langersehnten Schnee, jedoch unter gewaltigen Windverfrachtungen, was den jungen Menschen zum Verhängnis wurde: Als sie zu Neujahr nicht wie vereinbart wieder nach Hause kamen, brachte eine großangelegte Rettungsaktion die schreckliche Tragödie zutage: Am zweiten und dritten Januar bargen Lawinenhunde, 150 Bergrettungsmänner und Alpingendarmen sowie 100 Bundesheersoldaten die 18jährige Elfriede, den 23jährigen Lorenz, die 18jährige Marianne, den 26jährigen Stefan, die 22jährige Anna und den 21jährigen Walter tot aus einem riesigen Lawinenkegel. Das siebente Opfer, den 25jährigen Ernst, gab der Schnee erst im Frühjahr frei» (BERGHOLD 1988, 95 f).

Während nur 10 % aller Lawinenunglücke in West- und Südhängen geschehen (Luvseite), ereignen sich 90 % in den windabgewandten Ost- und Nordhängen (Leeseite) mit ihren normalerweise zu Schneebrettern gepackten Triebschneeanhäufungen.

Windverfrachtung und zugewehter bzw. eingeschneiter Oberflächenreif, Schwimmschneebildung oder zumindest ein verzögertes Setzen der Schneedecke durch anhaltenden Frost in den Schattenhängen sowie extremes Tauwetter in den schneeschwangeren Leehängen sind hierfür in Verbindung mit unkundigen Skifahrern die Ursache.

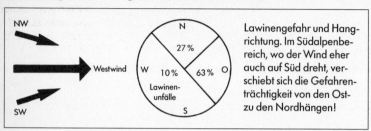

Lawinengefahr und Hangrichtung. Im Südalpenbereich, wo der Wind eher auch auf Süd dreht, verschiebt sich die Gefahrenträchtigkeit von den Ost- zu den Nordhängen!

In drei Punkten muß dies allerdings präzisiert werden:

(1) Lokale Winde, besonders in Tälern, stimmen nicht unbedingt mit der Hauptwindrichtung (besser «Höhenwindrichtung») überein. Dies ist unbedingt zu berücksichtigen. Meist zeigen die «Windgangeln» der Schneeoberfläche, «woher es geweht hat».

Auf diesem Bild hat der Wind von rechts unten nach links oben geblasen. An der windzugewandten Seite sind die «Gangeln» höher, und zu dieser Seite hin sind die Schneelöcher offen.

(2) Ein ansonsten weniger gefährlicher Südhang kann z. B. dann kritisch sein, wenn er Rinnen und Rippen aufweist, in und hinter denen der Westwind Triebschnee ablagert.

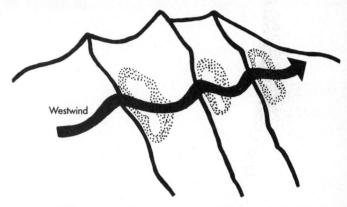

Westwind

Nur vermeintlich harmloser Südhang mit Rippen und damit partieller Triebschneeablagerung! Leebereiche gibt es nicht nur in ostwärts exponierten Hängen!

Wir merken uns also eher: «Leeseiten sind gefährlicher als Luvseiten», weniger: «Ost- und Nordhänge sind gefährlicher als Süd- und Westseiten.» Aber man sollte sich nicht stur an pauschale Regeln halten:

(3) Auch im Luv kann vor Felswänden und in Bodenvertiefungen lokale Gefahr bestehen, zumal der Preßschnee ein in sich gebundenes Schneebrett bildet.

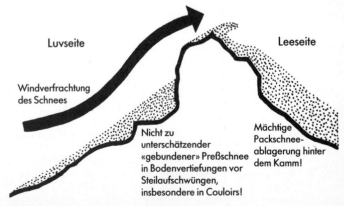

Luvseite

Leeseite

Windverfrachtung des Schnees

Nicht zu unterschätzender «gebundener» Preßschnee in Bodenvertiefungen vor Steilaufschwüngen, insbesondere in Couloirs!

Mächtige Packschnee-ablagerung hinter dem Kamm!

Lawinengefahr beschränkt sich nicht bloß auf Leeseiten.

V-Täler können eine tödliche Bedrohung sein, wenn man sich falsch verhält, sie beispielsweise zur Bodenlawinenzeit am Nachmittag betritt. An Ostern haben sich hier zwei gegen 12.30 Uhr von beiden Talflanken herunterdonnernde Naßschneelawinen in- und übereinandergeschoben (oben). Nicht einmal 10 Minuten vorher passierten noch Tourenskifahrer diese Stelle. Sie hatten Glück. Hier hätte es trotz Verschütteten-Suchgeräts kein Überleben gegeben. Unter solchen Schneemassen brechen Knochen wie Streichhölzer, werden Menschen zermalmt. Ein 5 m hoher

Geländeformation

Gefährlicher als Bergrippen, Hangrücken und breite Talböden sind bei schlechtem Schneedeckenaufbau Gräben, Rinnen, Tobel und tief einge-schnittene V-Täler (Foto links). Sie sind Bahnen für Lockerschnee- bzw. Grundlawinen, und in ihnen sammelt sich Triebschnee.

Untergrund

Als Schneeunterlage gefährlich sind insbesondere in wenig gegliederten Hängen langes Gras, abwärts geschichtete Felsplatten, niedriger einge-schneiter Bewuchs wie Almrosen, Laub im lichten Hochwald. Mehr Si-cherheit bieten Schutthalden, terrassenartiges Gelände und dichtes Un-terholz, solange die Schneehöhe die Bodenunebenheiten nicht über-steigt.

Lege die Spur sicher an!

● Meide – auch wenn sie im allgemeinen ostwärts gelagert sind – nach Möglichkeit Leebereiche *jeder* Hangexposition, insbesondere dann, wenn sie steil (30°–50°) und ungegliedert sind. Schneeverfrachtung!
● Lasse dich selbst in Hängen der Luvseite nicht in mit Triebschnee ge-füllte Rinnen locken! Auch wenn die erhöhten Bodenwellen stark windverblasen und schneearm sind, täuscht der Hang damit unter Umständen eine Sicherheit vor, die insgesamt nicht vorhanden ist.
● Steige über Bergrippen und Hangrücken auf!
● Benutze sichere Geländepunkte wie Felsen, Terrassen, Bäume!
● Meide wahrscheinliche Zugzonen!

«Nebenkeil» dieser Lawine fräste selbst in den ebenen Talboden noch auf einer Strecke von 100 m eine einen Meter tiefe Bahn (unten). Dieses Beispiel, das eine frequentierte Skiroute darstellt, zeigt eindrucksvoll, daß es nicht nur darauf ankommt, keine Lawinen auszulösen. Sie können auch von alleine abgehen und für den Unvor-sichtigen verheerende Folgen haben. Verlasse dich nicht auf die Statistik: 90 % aller Lawinen, die zu Unglücksfällen führen, sind selbst verursacht! Es gibt Lawinenzeiten im Jahr und am Tag, wo das Risiko in bestimmten Geländeformationen erheblich größer ist als nur 10 %.

Wenn es länger nicht geschneit hat, die Schneedecke tagsüber tief durchtaute und in kalter Nacht gefror, dann kann man am frühen Morgen den beinharten Harsch des Hochtals durchaus betreten. Schließlich bietet es eine phantastische Firnabfahrt von über 3000 m, nur muß man es bis 11.30 Uhr wieder verlassen haben.

Nach Neuschneefällen und bei weniger gefestigter Schneedecke im Frühwinter sind V-Täler allerdings grundsätzlich gefährlich und zu meiden!

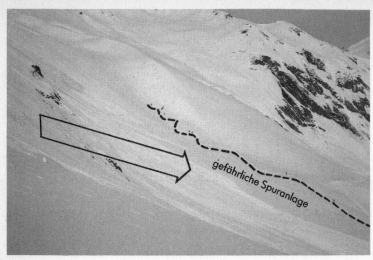

gefährliche Spuranlage

Das Foto zeigt, daß die sich links der Bildmitte befindende Flanke keineswegs harmlos ist. Trotzdem steigen die als «Ameisen» noch wahrnehmbaren Skitouristen in der
gefährlichen Rinne direkt unterhalb des lawinösen Hanges, der sich noch lange nicht
entladen hat, auf. Wenige Meter rechts davon könnte dagegen auf der Rippe sicher
angestiegen werden. Und der Hang muß ja gar nicht von alleine kommen, er kann
auch unten in der Druckzone fernausgelöst werden (vgl. Seite 91).

Abgekämpft, aber begeistert zieht dieser Skitourist eine Spur in den Neuschnee. Er tut dies genau auf einer Geländekuppe der Zugzone, wo die Gefahr eines Kollapses der Scherfestigkeit erhöht ist (vgl. Seite 90). Obwohl es sich auch hier um «harmlosen Pulverflausch», fast «kanadischen Wildschnee» handelt, müßte das nicht sein. Auch wenn – «abgesehen» von einer «kleineren Lockerschneerutsche» – praktisch «mit einiger Sicherheit» kein gefährliches Schneebrett ausgelöst werden kann, sollte man in dem steten Bemühen, die Spur immer möglichst risikolos anzulegen, Zugzonen prinzipiell meiden.

● Verdächtige Hangabschnitte sollte man am besten gar nicht queren! Läßt sich das Betreten eines verdächtigen Bereichs nicht verhindern, was niemals für einen gefährlichen – diese Begriffe sind klar definiert – gelten darf, so sollte dies nur ganz oben und mit großem Abstand geschehen!

Links: Nicht nur um sich die Unberührtheit des Hanges für die Abfahrt zu erhalten, liegt diese Aufstiegsspur zum Pizol links am Rand des Schneefeldes. Auch aus Sicherheitsgründen meidet sie während des lange dauernden Anstiegs mit Fellen den unzergliederten Bereich der Schneemassen, nutzt die etwas schützenden Felsen und ökonomischer zu bewältigenden sowie grundsätzlich weniger lawinengefährlicheren flacheren Teile. Trotzdem hätte der Führende auf halber Höhe noch etwas früher nach links auf die Terrasse hinüberziehen können. Daß der Bereich der vom Untergrund der Geländekuppe allein her gesehen kritischen Zugzone (vgl. Seite 90) hinauf umgangen, hinunter aber befahren wurde, darf keinesfalls damit begründet werden, daß man hinunter schneller ist und sich sicherer fühlt als beim Aufstieg. Es hatte an diesem Tag ganz einfach einen absolut flockig-leichten Pulverschnee, der nach menschlichem Ermessen kein gebundenes Schneebrett bilden konnte. Trotzdem wird (wie hier und auch, um sich nicht zu verausgaben) die Aufstiegsspur grundsätzlich den Sicherheitskriterien entsprechend angelegt – gleichgültig, ob es nach subjektiver Einschätzung und nach den vorliegenden Testergebnissen mehr oder weniger lawinenverdächtig ist!

Die Schneemassen unter sich zu haben ist weniger kritisch, als mittendrin zu stehen. Stets hoch oben queren — und mit Abstand, denn ein einzelner belastet den Hang weniger als eine «nahtlos» gehende Gruppe. Hier wird oft «gesündigt». Vorne ist zu spuren, d. h., es geht langsamer, die hinteren laufen gedankenverloren und ohne mitzudenken (womöglich noch den Walkman im Ohr) in der immer besser werdenden Spur auf. Zum Vordermann schauen! Mindestens 20 m soll der Abstand betragen! Nach der problematischen Passage wartet dafür der Vorausgehende, weil das Aufholen sonst recht anstrengend werden kann.

● Vertraue niemals blindlings einer bereits vorhandenen Spur! Sie muß nicht in jedem Fall auch sicher angelegt worden sein. Denke mit, und wenn du an ihrer Sicherheit zweifelst, dann lasse dich auf keinen Fall einfach dadurch überzeugen, daß der Hang bei anderen hält!

«Trotz ungünstiger Schneeverhältnisse stieg die Skitourengruppe [im Watzmanngebiet] los, in der Absicht, die Tour abzubrechen, sollte sie sich als zu lawinengefährdet herausstellen. Bei der ersten Rast wollte man tatsächlich aufgeben. Als dann aber eine 15köpfige Skigruppe fröhlich an den anderen vorbeiging, waren die Bedenken wieder zerstreut. Man folgte den Spuren. Im Seilergraben, wo man frühere Aufstiegs- und Abfahrtsspuren sah, zerriß um die aufsteigende Gruppe herum plötzlich der ganze Hang und verschüttete vier Männer; Leopold aus Hallein und Karl aus Salzburg starben» (BERGHOLD 1988).

- Steige bei Nebel niemals in verdächtiges Gelände! Optimale Geländebeurteilung hinsichtlich der sicheren Spuranlage ist nicht möglich.
- Denke – auch wenn sie die Gefahr Nr. 1 sind – nicht nur daran, keine Schneebretter auszulösen. Es gibt Zeiten im Jahr und am Tag, wo nasse und von allein abgehende Lockerschneelawinen in bestimmten Geländeformationen die größte Bedrohung darstellen!

Die Norwegermethode

Je nach den Schneeverhältnissen kann es unterwegs, z. B. bei wechselnder Hangexposition, einmal nötig sein, einen Blick in die Schneedecke zu werfen. Legt man nicht gerade ohnehin eine ausgiebige Rast mit einer größeren Gruppe ein, ist der Rutschblocktest während der Tour in der Regel hierfür zu aufwendig. Zumindest mehr als gar nichts zu überprüfen hilft in diesem Fall die von FAARLUND erdachte und von KELLERMANN bzw. SALM entwickelte «Norwegermethode», ein verkleinerter Rutschkeil. Sie ist nicht ganz unumstritten, hat – da durch Schaufelzug und nicht durch Körpergewicht getestet wird – sicher ihre Grenzen, aber als *zusätzliches* Kriterium der Gefahrenbeurteilung (neben dem Einsatz der eigenen Gehirnzellen bei der Spuranlage) hat sie sich in der Praxis als Mosaiksteinchen bei der Einschätzung der örtlichen Scherfestigkeit als brauchbar erwiesen (vgl. auch Seite 67).

Die Maße des Norweger-Trapezes nach SALM (1 Schaufelbreite ≙ 20 cm)

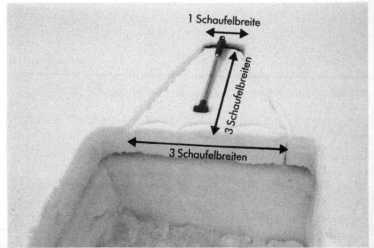

Mit der Lawinenschaufel, die wie das Verschütteten-Suchgerät grundsätzlich mit auf Tour genommen wird, stechen wir das abgebildete Trapez in den Schnee. Dieses Trapez sollte nur noch am Untergrund haften, d. h. an der als problematisch erkannten Schicht, z. B. einer eingeschneiten Harschschicht (vgl. Seite 51–54). *Die Schicht darf mit der Schaufel nicht durchstoßen werden, weder beim Ausstechen des Trapezes noch beim Zugtest im Rahmen der Scherfestigkeitsüberprüfung.* Geschieht das dennoch, so leistet die Harschschicht beim Ziehen Widerstand, gaukelt eine nicht vorhandene Scherfestigkeit vor. Richtig ist statt dessen, mit der Schaufel nahe an die kritische Schicht heranzufahren, ohne diese zu verletzen.

Es wird versucht, Schicht für Schicht hangparallel abzuziehen, wobei insbesondere die oberen Schichten von Interesse sind. Beträgt die Neuschneeauflage mit geringerer Härte über einer darunter liegenden festeren Schicht mehr als eine Schaufelhöhe, ist so viel Schnee abzutragen, daß die Auflage einer Schaufelhöhe entspricht!

Für die Gefahreneinschätzung gelten die nachstehenden und auf unzähligen Testversuchen basierenden Werte. Am besten ist es, wenn sich der ausgestochene Block mit der Schaufel durchreißen läßt, ohne sich von der darunter liegenden Schicht als Ganzes zu lösen.

Gefahrenberurteilung nach dem Gefühl, der Erfahrung	Gefahrenbeurteilung mit Federkraftmesser-Schaufel	Stufe der Gefahr
1 Trapez läßt sich leicht abziehen	1 roter Bereich: bis 100 Newton	lawinengefährlich (akut)
2 Trapez läßt sich schwer abziehen	2 gelber Bereich: bis 200 Newton:	lawinenverdächtig (groß bis mittel)
3 Trapez läßt sich durchreißen	3 grüner Bereich: über 200 Newton	lawinensicher (gering)

Vorteil: Die Norwegermethode eignet sich gut, um während der Tour in kürzester Zeit einen Blick in die Schneedecke werfen zu können. Dies ist vor allem dann notwendig, wenn die Hangrichtung wechselt.
Nachteil: Die problematischen Schichten müssen unbedingt als solche erkannt werden, und es ist – da das Trapez nur ca. 10 % der Fläche des Rutschkeils ausmacht – beim Ausstechen und hangparallelen Ziehen ein exaktes Arbeiten mit der Schaufel notwendig.

Die Stein- und Eisschlaggefahr

Weniger wegen des Temperaturgefälles zwischen Tag und Nacht tritt Eisschlag auf, wohl aber bei längeren Perioden warmen Wetters. Vermeide daher die Spuranlage unter Hängegletschern und zwischen Séracs, insbesondere am Nachmittag! Mache dort vor allem keine Pausen!
Bei hohen Tagestemperaturen kommen Steine (an Ost- und Südhängen früher, an Westhängen meist nachmittags) in Bewegung. Steine und Einschlaglöcher im Schnee unter Felswänden lassen solche gefährlichen Bereiche erkennen, allerdings nicht nach Neuschneefällen. Lege die Spur nicht direkt unter einer Felswand an! Wenn das nicht geht, weil z. B. anderenorts die Lawinengefahr größer ist als hier die Steinschlaggefahr, dann (im Aufstieg) vor Sonneneinstrahlung und (bei der Abfahrt) zügig passieren!

Auch wenn — oder gerade weil — man sie heute teilweise «schnell» und ohne Hüttenübernachtung an einem Tag erreichen kann, wie hier am Allalinhorn (4027 m) oder Alphubel (4206 m) über Saas Fee, sollte man sich solchen Eisriesen nur mit dem gebotenen Respekt und unter Einhaltung des nötigen Sicherheitsabstandes nähern.

Die Spaltengefahr

Während Skihochtouren müssen immer einmal Gletscher begangen werden, aber diese sind unterhalb des Bergschrunds, an dem das fließende Eis vom ewig festgefrorenen abgleitet, in Bewegung. Aufgrund des sich ändernden Untergrunds entstehen extreme Spannungen. Das Eis reißt, bildet V- und A-Spalten, die zu bestimmten Jahrszeiten sogar tödlich kaltes Wasser (1 °C) enthalten können.

Wer als Tourenskiläufer unangeseilt in eine überwächtete Gletscherspalte einbricht, hat schlechte Karten. Solche Unfälle kommen immer wieder vor, insbesondere in den Regionen, wo durch Seilbahnen dem Variantenskifahrer ohne größeres Gefahrenbewußtsein hochalpine Bereiche erschlossen wurden. Kein Jahr vergeht ohne Spaltenstürze mit Todesfolge. Selbst aus einer wasserlosen Spalte und selbst dann, wenn man den Sturz unverletzt und uneingeklemmt überstanden hat, gibt es ohne fremde Hilfe kein Entkommen. Nur mit Steigeisen, zwei Eisbeilen und einer gehörigen Portion Kraft können glatte, abweisende Eiswände überwunden werden.

Zur Skitourenzeit sind diese Spalten mehr oder weniger verschneit, strenggenommen an den oberen Spaltenrändern nur «zugewachsen», d. h. aufgrund der Stürme des Frühwinters überwächtet und nicht aufgefüllt. Je nach Jahres- und Tageszeit können die «Schneebrücken» daher

Über diese vorn offene Spalte spannt sich hinten (auf dem Foto rechts) eine mächtige und tragfähige Schneebrücke. Von Spalte zu Spalte, von Monat zu Monat und bei dünneren Brücken von Stunde zu Stunde ist dies allerdings unterschiedlich. Die schwarze, gähnende Tiefe lauert auf den Unvorsichtigen, d. h. den Unangeseilten.

auch mehr (Frühjahr) oder weniger (Hochwinter) tragfähig sein. Gegenüber dem Sommer, der zumindest unterhalb der Firngrenze (2500–3200 m), oberhalb der viele Niederschläge als Schnee fallen, die Spalten offen zeigt, ist diese Situation manchmal mit einer gespannten Falle vergleichbar.

Hellwach hat sich der Skibergsteiger daher in der Gletscherregion zu bewegen; und im Hochwinter mit seinem kalten, keinesfalls spaltensicheren Lockerschnee ist diese Region ganz zu meiden. Eine wärmebedingte Einsenkung des Schnees, der blütenweiße Triebschnee auf der durchhängenden Firndecke inmitten des schmutzigeren Altschnees oder das abrupte, breite (und nicht spitz zulaufende) «Ende» einer offenen Spalte verraten dem geschulten Auge den ungefähren Spaltenverlauf unter dem Schnee. Auch die jeweilige Gletscherzone gibt Hinweise. Meist reißt das Eis in Kurven, bei Veränderung der Neigung, bei enger bzw. weiter werdendem Gletscherbrett, an Randzonen.

Skitouren, die in Karten eingezeichnet sind, stellen nur Orientierungshilfen dar, im Detail aber nicht immer die sicherste Möglichkeit des Aufstiegs. Die augenblickliche Situation ist auch dann, wenn man sich auf der Kartenroute befindet, grundsätzlich auf ihre Gefährlichkeit hin zu überprüfen! Dasselbe gilt für eine in der Natur schon vorhandene Spur vorausgegangener Hochtourengeher. Eine Schneebrücke kann neunzehnmal tragen, beim zwanzigstenmal aber einbrechen.

Ganze Spalten*zonen* sind durch rechtzeitiges Vorausschauen zu umge-

In der meist relativ ebenen Gletschermitte und in leichten Senken gibt es kaum Spalten. Spätestens ab Ostern, wenn auf dem Gletscher Wasser zu fließen beginnt, kann dann dort eine andere Gefahr lauern. Bewegt sich das Eis aufgrund des enormen Schubdrucks stellenweise bergauf, was das Oberflächenwasser nicht kann, bildet sich ein sogenannter «Gletschersumpf». Sind die Ränder dieses zähflüssigen Sulzwassers verschneit und nicht eindeutig erkennbar, kann der unvorsichtige Tourengeher zumindest bei der Abfahrt eine unliebsame Überraschung erleben.

hen, allein schon aus Zeitgründen, denn allzu schnell gerät man in eine Sackgasse! Am sichersten sind die Gletschermitte und Mulden. Und frühmorgens bei gefrorenem Schnee ist der Gletscher ebenfalls sicherer als am Nachmittag. Einzelne Spalten können (müssen) durchaus mal überquert werden, dann aber immer senkrecht zu ihrem Verlauf! Läßt es sich nicht vermeiden, längs an den Spalten entlangzugehen, so müssen die Gruppenmitglieder angeseilt und seitlich versetzt steigen, d. h., sie sollten sich nicht alle zwischen den beiden selben Spalten befinden.

Zumindest auf Gletschern, die man nicht kennt oder die stark zerklüftet sind, bei Nebel oder die Spaltenbrücken destabilisierenden Warmlufteinbrüchen (Föhn) und nach Neuschneefall seilen nicht lebensmüde Skibergsteiger an. Der Erfahrenste geht an der zweiten Position, dirigiert gegebenenfalls den Vorausgehenden. Bei einem Spaltensturz des Seilersten hat er das «Sagen». Alle steigen am leicht gespannten Seil. Keine Seilschlingen aufnehmen! Dadurch würde der Spaltensturz verlängert.

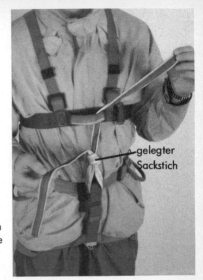

gelegter Sackstich

Anseilen am Gletscher: Das 2 cm breite Schlauchband durch die Belastungsschlaufe des Hüftgurts führen, die beiden freien Enden übereinandernehmen und durch einen gelegten Sackstich eine knappe Handbreite oberhalb des Bauchnabels verbinden!

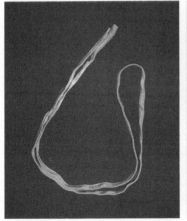

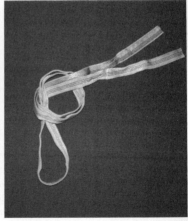

Eines der unverbundenen Schlaufen-
stücke durch die Öse des Brustgurts
schieben und nun durch einen gesteckten Sackstich mit dem anderen verkno-
ten! Bei Belastung zieht sich dieser zu
und geht nicht auf!

Gelegter Sackstich. Über den Mittelkno-
ten der Achterschlaufe zwischen Hüft-
und Brustgurt wird ein Schraubkarabiner und in diesen der gelegte Sackstich
des Hauptseils, an dem die Partner gehen und in das sogenannte «Prusikschlingen» eingeknüpft sind, gehängt
(vgl. auch Seite 112)!

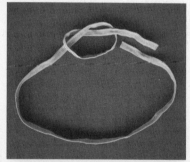

gesteckter Sackstich
gelegter Sackstich

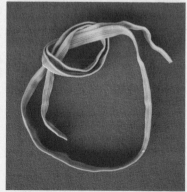

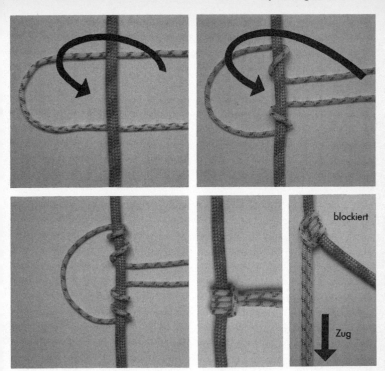

Für die Selbstrettung als in die Spalte Eingebrochener oder die Bergung des verunglückten Partners bzw. die Selbstsicherung während einer solchen Hilfsaktion (vgl. Seite 186—194) benötigt man «Prusikschlingen» (vgl. Seite 112). Der Prusikknoten ist ein Knoten, der sich im entlasteten Zustand schieben läßt, bei Belastung aber am Hauptseil blockierend klemmt. Hat man zwei solche Schlingen im Seil, an dem man in der Spalte hängt, so kann man sich durch abwechselndes Be- und Entlasten der Prusikschlingen bzw. abwechselndes Hineinstehen und Hochschieben am Hauptseil aus der Gletscherspalte hinaufarbeiten (vgl. Seite 170). Sich mit den Händen daran hochzuziehen, ist unmöglich. Mit 11 bzw. 9 mm ist der Durchmesser hierfür zu gering.

 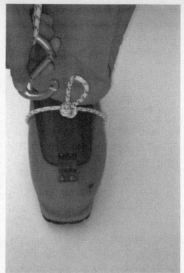

Links und rechts des gelegten Anseil-Sackstichs legen wir als Mittelmann einer Seilschaft je eine Prusikschlinge in das Hauptseil. Der Seilerste befestigt eine an dem Strang, der zum nachfolgenden Partner führt, verstaut die andere griffbereit. Die Schlingen führen wir hinter dem Brustgurt nach unten und durch die Beinschlaufe des Hüftgurts (links). Bei Eistouren steckt man den Rest der Schlingen in die Hosentasche. Sind wir aber auf Skitour und dort bei einem Spaltensturz nicht der Bergende, sondern der Gestürzte, dann müßten wir im Spaltengrund zuerst die Ski lösen und gesichert tiefer hängen, bevor es möglich wäre, mit den Schuhen in die Schlinge zu steigen, um durch abwechselndes Be- und Entlasten am Seil hochzuprusiken. Wenn eine überhängende Spaltenwächte zu überwinden ist, was mit Ski nicht geht, dann wird das auch so gemacht, aber in einer engen Spalte könnte es schwierig werden. Zuerst muß dann mit Ski geprusikt werden. Daher wäre es einerseits günstiger, die Reepschnur gleich beim Anseilen zwischen Schuh und Bindung zu legen, aber andererseits stört das — auch wenn man sie durch die Gamasche fädelt — beim Gehen. Der Kompromiß: Nur zwei kurze Schlingen um den Schuh legen, die langen wie beschrieben einknüpfen und in die Tasche schieben. Bei Bedarf sind sie dann schnell mit einem Karabiner in die kurzen gehängt (rechts). Sicher ist es möglich, die langen auch erst bei Bedarf in das Seil zu knüpfen, aber dann haben wir beim Fixieren des gestürzten Partners als Bergende unter Stressbedingungen einen Arbeitsvorgang mehr zu verrichten. Zumindest als Anfänger oder dann, wenn die Gefahr des Einbrechens besonders groß ist, z. B. auf einem verschneiten, spaltenreichen Gletscher, bringen wir daher auch die langen Schlingen gleich an.

Die Abstände von Partner zu Partner bei einem 45-m-Seil als grobe Richtwerte: In der *Dreier*-Seilschaft verteilt der Mittelmann die Sackstiche der Mitglieder von der Seilmitte aus, d. h., nach vorne und hinten sind es jeweils 8 m (Aufstieg) bzw. 12 m und mehr (Abfahrt). Die gerade Zahl der *Vierer*-Seilschaft verlangt, daß die Seilmitte den Abstand zwischen zwei Anseil-Sackstichen ungefähr halbiert. Aufstieg: 7 m; Abfahrt: 10 m oder mehr. Um das Risiko des In-die-Spalte-gerissen-Werdens möglichst klein zu halten, wählen wir die Abstände bei der Abfahrt größer als beim Aufstieg. Bestimmte Umstände, z. B. ein verschneiter, spaltenreicher Gletscher, können das allerdings auch hinauf notwendig erscheinen lassen. Als Maßeinheit nehmen wir die Ski oder ein «Klafter» (ausgebreitete Arme ca. 1,50 bis 1,80 m).

An problematischen Stellen, z. B. überwächteten Spalten, geht man langsamer. Der Vorausgehende sondiert mit dem Skistock, was die anderen Seilschaftsmitglieder aufmerksam beobachten, um einen möglichen Sturz abfangen zu können.

Mit den Skiern darf keinesfalls über das Seil gestiegen werden. Die Stahlkanten beschädigen es. Auf dem Gletscher möglichst keine Pausen machen! Das empfiehlt sich vor- oder nachher!

Das Restseil zu den beiden Enden hin wird als Seilpuppe aufgenommen (links) und unter dem Deckel des Rucksacks verstaut (rechts). Im Falle eines Spaltensturzes brauchen wir es zur Bergung (vgl. Seite 184–197).

Sondieren des Seilersten, der nicht gerade 90 kg wiegen soll, an einer vermuteten Spalte. Das Loch mit dem senkrechten schwarzen Blankeis und die Einsenkung der Schneeoberfläche lassen diese Maßnahme notwendig erscheinen.

Der Wetterumschwung

Auf Skitour suchen wir die Einsamkeit, d. h., sie führt uns zwangsläufig in abgelegene, oft wilde Urlandschaften. Zumindest Wege und Markierungen sind verschneit. Wer unfähig ist, das Wetter richtig zu beurteilen, und sich bei einem plötzlichen Wettersturz nicht zu helfen weiß, sitzt in der Falle.

Fehlt dann noch die entsprechende Ausrüstung, wird die Situation unter Umständen lebensbedrohend. Beträgt die Lufttemperatur auf Meereshöhe beispielsweise 15 °C, so entspricht diesem Wert auf einer Höhe von 2500 m etwa der Gefrierpunkt von 0 °C – und zwar bei Windstille! Bläst der Wind hingegen mit 10 m/sec, liegen dort bereits −15 °C vor. Man kann sich leicht ausmalen, was es für einen Orientierungsunfähigen bedeutet, bei weit stärkeren Sturmböen ohne Daunenjacke abends um 17 Uhr bei −30 °C in Wolkenfetzen auf einem 3500 m hohen Gletscher zu hocken.

Vorbeugende Maßnahmen:

- Du mußt gut ausgerüstet sein! Wer über Mütze, Handschuhe, Daunenjacke, einen Biwaksack und eine Portion alpine Erfahrung verfügt, dem kann auch ein beeindruckender Wetterumschwung so schnell nichts anhaben. Wem diese Utensilien im entscheidenden Augenblick allerdings fehlen, der riskiert, insbesondere in Verbindung mit körperlicher Erschöpfung, bei Wind und Kälte sehr viel, unter Umständen sein Leben.
- Ziehe rechtzeitig im Morgengrauen los! Spätestens am frühen Nachmittag ist der Skibergsteiger wieder auf dem Rückweg oder in der Nähe der nächsten Hütte.
- Orientiere dich immer! Dein jeweiliger Standort muß dir stets bekannt sein (vgl. Seite 117–125).
- Beobachte während der Tour das Wetter!

Während des Aufstiegs sollte die Entwicklung der Wetterlage, z. B. des Wolkenbildes, nie aus dem Auge verloren werden. Gegebenenfalls ist es durchaus sinnvoll, rechtzeitig umzudisponieren oder ganz abzubrechen. Am frühen Morgen, wo man sich alles glasklar und kalt wünscht, schon ein solcher Himmel – das ist nicht ideal. Auch wenn der Untergrund gefroren ist und das Wetter gegebenenfalls nicht kippt, ist zumindest das Sonne voraussetzende Auffirnen gefährdet. Schon hier weiß der erfahrene Tourengeher: Bestenfalls werden wir wahrscheinlich auf nicht angetautem Harsch abfahren.

Täler sind «Kaltluftseen». Das Kondensationsniveau liegt recht niedrig, die Luft kann wenig Feuchtigkeit halten — es bildet sich Nebel. In höheren Regionen ist das oft anders. Das muß man wissen, bricht sonst trotz guter Großwetterlage unter Umständen erst gar nicht auf. Sollte das «wettertheoretische Wissen» von der Praxis jedoch widerlegt werden, darf man andererseits ebenfalls nicht zögern, nach einer gewissen Zeit abzubrechen. Spannung! Und dann: Hinaus in den «schwerelosen Raum eines azurblauen Alpenhimmels». Jetzt wissen wir es endgültig: Das Wetter wird super werden — und es bleiben. Ein Traumtag steht in den Hochlagen bevor, selbst dann, wenn es die Sonne nicht schafft, den Talnebel allmählich aufzulösen.

- Klare Täler und Dunst in der Höhe sind bei gutem Wetter Vorboten eines Umschlags.
- Von Westen heranjagende Wolken, ein weiß oder grau werdender Himmel sind ungünstige Zeichen.
- Faserige Federwolken aus Eis (6–12 km hohe Cirren); lassen oft auf eine Verschlechterung schließen. Entwickeln sich aus ihnen sich verdichtende Schichtwolken, die wie ein milchiger Schleier aussehen und um die dahinter noch erkennbare Sonne einen «Hof» entstehen lassen (Cirrostratus), und senkt sich die immer kompakter und dunkler werdende Wolkendecke (3–6 km hohe Altostratus) bzw. zieht tiefe Bewölkung um 2–5 km Höhe oder darunter auf (Stratus), steht der Wetterzusammenbruch unmittelbar bevor. Es wird regnen oder schneien.

Orientierungshilfen

Du mußt immer wissen, wo du gerade bist und wie du ans Ziel kommst! Denke nie: «Es wird schon stimmen!» Über den gegenwärtigen Standort und die Route muß man sich, z. B. durch das Studium der Karte, immer sicher sein. Vermutungen sind im Gebirge fehl am Platz. Sich für die Orientierung Zeit zu nehmen zahlt sich hingegen meist aus.

Gehen wir zunächst von guter Sicht aus, denn bei unsicherem Wetter sollten eigentlich keine Skitouren unternommen werden. In der Regel kann man dann auf komplizierte technische Orientierungspraktiken mit dem Kompaß verzichten, zumal ja gerade das so plastisch gegliederte Gebirge unzählige markante Anhaltspunkte für das Zurechtfinden bietet.

Am wichtigsten sind das *sichere Kartenlesen* und die gute Karte (1 : 25 000; Höhenlinienabstand 20 m; «Schummerung», d. h. Nordwestbeleuchtung, wie bei SAC-Karten; vgl. Seite 25). Man braucht die Karte nur in Übereinstimmung mit der Natur zu bringen, d. h. einzuorden. Dies kann man natürlich mit dem Kompaß machen. Normalerweise genügt es aber, die Karte so lange zu drehen, bis z. B. ein Grat, ein Tal, ein Gletscher oder zwei sonstige markante Punkte (Gipfel, Scharte, Hütte) mit ihr übereinstimmen. Dann ist es für den geübten Bergsteiger nicht sehr schwer, seinen Standort oder die weitere Route auszumachen. (Wer muß schon einen unbekannten Gipfel mit Hilfe des «Vorwärts-Einschneidens» oder seinen eigenen Standort mittels «Rückwärts-Einschneiden» bestimmen?)

Gegen einen überraschenden Wettersturz oder Hochnebeleinbruch ist man nie ganz gefeit. Sollte sich die Sicht extrem verschlechtern, dann gilt: *Orientiere dich (wenn noch möglich) rechtzeitig an der Aufstiegsspur zurück!* Dies ist zweifellos das sicherste. Unterlasse (wenn noch möglich) die «Flucht nach vorne»! Wer gegen das Gebirge gewaltsam ankämpft, zieht oft den kürzeren. Man geht nur weiter oder startet gar einen sogenannten «Blindflug», solange der Rückzug noch gesichert ist, d. h., die Aufstiegsspur beispielsweise nicht zugeweht werden kann.

Ob die Orientierung bei Nebel gelingt, hängt vielfach vom Gelände ab. Ist es eindeutig gegliedert, kann das Zurechtfinden sogar bei extremen Bedingungen relativ einfach sein und Spaß machen. Die Abfahrt über eine ausgeprägte Rippe ist leichter als das Überschreiten eines ausgedehnten Hochplateaus zu einem nicht mehr sichtbaren Joch hinüber.

Oft benötigen wir nun zu Karte und Höhenmesser den Kompaß; denn auch erfahrene Bergsteiger verlieren ohne markante Geländepunkte irgendwann das Gespür für die Himmelsrichtung. Die technische Orientierung wird notwendig.

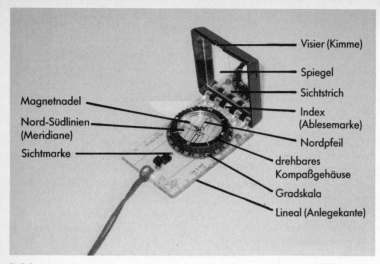

Visier (Kimme)

Spiegel

Sichtstrich

Index
(Ablesemarke)

Magnetnadel

Nord-Südlinien
(Meridiane)

Sichtmarke

Nordpfeil

drehbares
Kompaßgehäuse

Gradskala

Lineal (Anlegekante)

Sichtkompaß

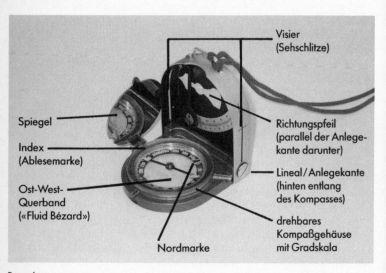

Visier
(Sehschlitze)

Spiegel

Index
(Ablesemarke)

Ost-West-
Querband
(«Fluid Bézard»)

Richtungspfeil
(parallel der Anlege-
kante darunter)

Lineal / Anlegekante
(hinten entlang
des Kompasses)

drehbares
Kompaßgehäuse
mit Gradskala

Nordmarke

Bussole

Die gebräuchlichsten Geräte sind der SILVA-Sichtkompaß und die BÉZARD-Bussole.

Für das Gehen nach Richtungszahl, das sogenannte «Fransen», um ein nicht mehr sichtbares Ziel zu finden, ist eines sehr wichtig: *Du mußt die Arbeit mit Karte und Kompaß beginnen, solange dir dein eigener Standort noch bekannt ist!* Wer sich verläuft und im Nebel nicht mehr weiß, wo er sich befindet, dem nützt der Kompaß gar nichts mehr! (Es gibt zwar ein Verfahren, das Rückwärtseinschneiden, durch das Anpeilen zweier bekannter Punkte [Gipfel] den eigenen unbekannten Standort zu bestimmen, aber dies ist bei Sicht – wie das Vorwärtseinschneiden zum Bestimmen eines unbekannten Berges – nicht nötig und bei Nebel nicht mehr anwendbar.)

Wenn es zu einem Schlechtwettereinbruch kommt und es nicht mehr möglich ist, sich an der Aufstiegsspur «zurückzuhangeln», dann geht man rechtzeitig bei noch eindeutig bekanntem Standort an möglichst markanter Stelle folgendermaßen vor:

(1) Man wählt auf der Karte an einem halbwegs geschützten Ort die *Restroute* so, daß sie nicht durch tiefe Einschnitte, Spaltenzonen oder über Felsrampen führt, denn dies erforderte ein kompaßtechnisch kompliziertes Ausweichmanöver mit schwierigen Rechnereien. Die Restroute soll aus wenigen geraden Teilabschnitten bestehen.

In unserem Fall überraschen uns dichte Wolkenfelder beim Überschreiten der Scharte A (Abb. Seite 120). Beim Aufstieg konnten wir den herannahenden Wetterumschwung nicht erkennen, wollen nun aber, 2,5 km vor der kaum höher gelegenen Hütte H, nicht mehr umdrehen, um die lange hochalpine Abfahrt im Nebel zurück zu riskieren.

Wir legen – um bei B* trotz der aus der Karte bekannten Entfernung nicht zu weit zu gehen und um nicht irgendwo bei Z auf dem Gletscher zu landen – die Abschnitte AB, B*C und C*H fest, d. h. wir steuern bei kaum noch vorhandener Sicht keinen schwierig zu findenden Punkt, sondern «Breitgelagertes» an, hier die unverfehlbaren Gratausläufer. Hat man sie bei B und C erreicht, braucht man nur kurz bis zu ihrem Ende bei B* bzw. C* entlangzugehen und von dort aus weiterzupeilen – wie, dazu im nächsten Abschnitt Näheres. Von C* aus steuern wir dann den Bachgraben an, der uns etwas oberhalb sicher zur Selbstversorgerhütte führt (siehe folgende Abbildung).

(2) Nun werden die *Richtungszahlen* ermittelt, nach denen wir uns später mit Hilfe des Kompasses durch den Nebel tasten. Wir legen das Gerät auf der Karte, die nicht eingenordet zu werden braucht, mit der Anlegekante an die gewünschte Linie AB, wobei beim SILVA-Kompaß die Visiereinrichtung des Spiegels, bei der BÉZARD-Bussole der Direktionspfeil des Kompaßgehäuses, von unserem Standort A zum

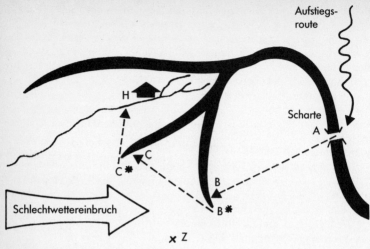

Festlegen der Teilabschnitte in der Karte

anzulaufenden, nicht sichtbaren Punkt B am Gratausläufer zeigt. Die Millimetereinteilung der Anlegekante läßt dabei bereits die Entfernung erkennen. Fünf Zentimeter bei einem Maßstab von 1 : 25000 entsprechen 1250 Meter (vgl. S. 25).

Anschließend wird der Kompaß gut festgehalten und die bewegliche Kompaßdose mit der Gradeinteilung so lange gedreht, bis die Ost-West-Linie parallel zu den Orts- oder Bergnamen der Karte verläuft. In Karten, die eingezeichnete Meridiane (Längengrade) haben, liegen beim SILVA-Gerät dann auch die entsprechenden Senkrechtlinien der Dose parallel zu diesen, und der Nordpfeil (nicht die hier unerhebliche Magnetnadel) zeigt dabei in der Karte nach oben. Beim BÉ-ZARD-Kompaß, der nur ein Ost-West-Querband hat, heißt dies, daß die das Band repräsentierende Schrift «Fluid Bézard» nicht auf dem Kopf stehen darf. Die Richtungszahl 244 ist nun an der Ablesemarke (dem Index) angegeben. Notieren!

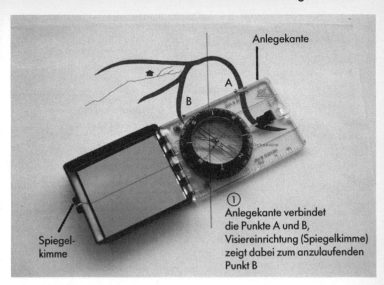

Anlegekante

A

B

Spiegel-
kimme

① Anlegekante verbindet
die Punkte A und B,
Visiereinrichtung (Spiegelkimme)
zeigt dabei zum anzulaufenden
Punkt B

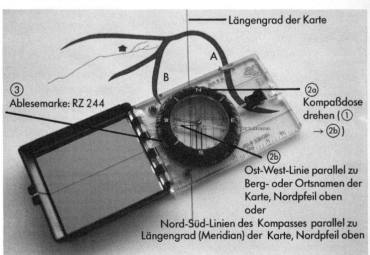

Längengrad der Karte

A

B

③ Ablesemarke: RZ 244

②a Kompaßdose
drehen (①
→ ②b))

②b Ost-West-Linie parallel zu
Berg- oder Ortsnamen der
Karte, Nordpfeil oben
oder
Nord-Süd-Linien des Kompasses parallel zu
Längengrad (Meridian) der Karte, Nordpfeil oben

Anschließend legen wir den Kompaß an die Linie B*C an, dann an
C*H, stellen die Richtungszahlen dieser Teilabschnitte samt zugehöri-
gen Entfernungen fest.

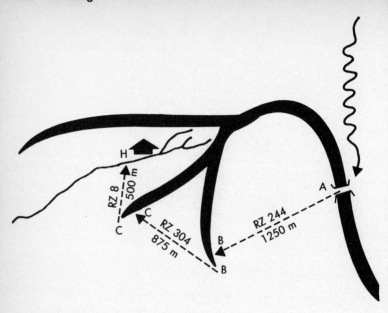

Der Karte entnommene Daten für das nachfolgende Peilen und Gehen
mit dem Kompaß im eingenebelten Gelände.

(3) Jetzt übertragen wir die Richtungszahlen in die *Natur*, tasten uns nach
diesen voran. Man klappt den Spiegel des Kompasses hoch und stellt
mit 244 die erste an der Ablesemarke ein. Dann halten wir das Gerät
waagerecht, beobachten im Spiegel die Magnetnadel und drehen uns
mit ausgestrecktem Arm um die eigene Achse, bis die Nadel auf Nord
der Windrose einpendelt.

Ist dies der Fall und schneidet beim SILVA-Kompaß der Sichtstrich
das Spiegelbild, könnten wir bei gutem Wetter gleichzeitig durch die
Kimme bzw. beim BÉZARD durch die beiden Sehschlitze des Deckels
das Teilziel sehen – den Richtung 244 liegenden Punkt B am vorderen
Gratausläufer. Bei schlechter Sicht – es sei wiederholt: ansonsten
bräuchten wir keinen Kompaß – ist dies nicht möglich. Statt dessen
weisen wir, ein Auge beim Peilen stets geschlossen, einen vorausgehenden und gerade noch erkennbaren Partner über die Visiereinrichtung in diese Richtung ein.

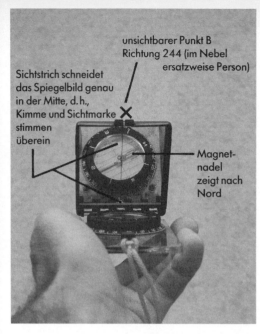

unsichtbarer Punkt B
Richtung 244 (im Nebel
ersatzweise Person)

Sichtstrich schneidet
das Spiegelbild genau
in der Mitte, d.h.,
Kimme und Sichtmarke
stimmen
überein

Magnet-
nadel
zeigt nach
Nord

Peilen mit SILVA-Kompaß
(RZ 244 eingestellt)

Peilen mit BÉZARD-Bussole (RZ 244 eingestellt)

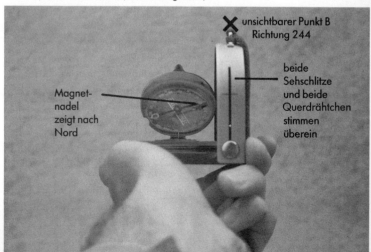

unsichtbarer Punkt B
Richtung 244

beide
Sehschlitze
und beide
Querdrähtchen
stimmen
überein

Magnet-
nadel
zeigt nach
Nord

«Mehr links!»

Wenn das anzuvisierende und anzulaufende Teilziel nicht erkennbar ist, wird eine Person in die gewünschte Richtung eingewiesen: Auge — Kimme oder Sehschlitz (dabei Magnetnadel auf Nord) — Skibergsteiger.

Der Peilende und die Gruppe schließen zu dem Vorausgehenden auf. Dieser Vorgang wiederholt sich nach dem «Ziehharmonika-Prinzip» so lange, bis wir bei B auf den Felsriegel stoßen. Ein Teil der Gruppe achtet derweil auf die zurückgelegte Entfernung. Insbesondere dann, wenn das Teilziel eng begrenzt und weniger gut zu finden ist wie in unserem Beispiel, kommt es hier auf Genauigkeit an: einem Schritt entsprechen 50 bis 80 cm, doch zählt man am besten die gegangenen Seillängen.

Von Punkt B gehen wir bis zum Ende des Felsens am Grataus läufer entlang und peilen von B* zu C mit Richtungszahl 304 weiter.

Mit sauberem Arbeiten, mit Erfahrung, etwas Nerven und Glück müßte die Hütte also auch im dichtesten Nebel zu finden sein, doch erfordert dies einen erheblichen zeitlichen Mehraufwand. Eines ist allerdings ersichtlich: Eine auf Tour unter widrigen Bedingungen erstellte Marschtabelle (Routenskizze) beinhaltet immer Ungenauigkeiten, kann sogar fehlerhaft sein. Vor Skitouren im unbekannten hochalpinen Gelände sollte man daher schon zu Hause in Ruhe eine Marschtabelle für den Notfall anfertigen. Besitzer einer BÉZARD-Bussole, die zum Arbeiten in der Karte etwas unhandlicher als der SILVA-Sichtkompaß ist, tun sich dabei mit einem Winkelmesser – bis auf das Peilen in der Natur ersetzt er vollwertig den Kompaß – leichter.

Wenn wir aber unvorbereitet sind und es auf Tour überraschend ernst wird, dann gilt:
Ruhig bleiben!
In der *Karte* mit dem *Ost-West-Querband* oder den Meridianlinien des Kompasses arbeiten! Dies erspart das Einnorden.
In der *Natur* beim Peilen mit der *Magnetnadel* arbeiten!
Dennoch: Nur wer sie wirklich beherrscht, verläßt sich bei schlechter Sicht auf technische Orientierungsmittel! Rechtzeitig umzukehren ist oft besser!

Diese Situation am Großglockner (3798 m) zeigt die Grenzen der technischen Orientierung auf. Wenn die Wolken vollends auf den Gletscher hereindrücken, das Wetter endgültig «zu»macht, dann ist es schwierig, durch den Bruch zu kommen. Vorhandene Spuren müssen nicht sicher sein und können schnell zugeweht werden. Es müssen Spalten umgangen und diese Abweichungen von der ursprünglichen Richtungszahl in Grad und Meter berücksichtigt werden. Da mit jedem der Peilvorgänge, insbesondere auch wegen des Schrittezählens und der Geländeaufschwünge, die Ungenauigkeit wächst, würde das Unternehmen sehr wahrscheinlich bald zum Stillstand kommen.

Vom Skidepot zum Gipfel

Das Skidepot

In der Regel wird der Anfänger ausgesprochene «Skigipfel» auswählen, die mit den Skiern auch wirklich erreichbar sind. Kann das letzte Stück zum Gipfel dagegen nicht mit ihnen bewältigt werden, sollte man beizeiten, d. h. an einer hierfür noch günstigen Stelle, ein Skidepot einrichten.

Traut man sich vom Skidepot aus die restliche Passage nicht zu, so ist es besser, von hier abzufahren! Keine Experimente! Mit der Zeit wird das natürlich zu einem Ärgernis, entgeht einem doch der eigentliche Gipfel und unter Umständen der ersehnte Blick auf die andere Seite des Berges. Es ist daher lohnend, sich das für den restlichen Wegabschnitt erforderliche Wissen und Können im Laufe der Zeit anzueignen.

Handelt es sich um keine Gipfelüberschreitung, dann ist es nicht sinnvoll, die Ski mitzuschleppen. Sie sind nur hinderlich. Plastikstiefel im Fels stellen dann aber einen zusätzlichen Unsicherheitsfaktor dar. Tourenstiefel mit Profilgummisohle sind zweifellos besser.

Skidepot: Es muß ausreichend Platz für das Zurücklassen von Ausrüstungsteilen bieten. Diese sollten wegen des Windes sicher verstaut werden können, z. B. an Felsblöcken. Die Ski selbst steckt man möglichst tief in den Schnee, legt sie nicht einfach hin. Auch muß das halbwegs bequeme An- und Abschnallen der Ski, das Abziehen und Verpacken der Steigfelle möglich sein. Nur der Rucksack bleibt nicht zurück. Er enthält eventuell ein Seil, etwas zu essen, und vor allem verhindert er das Auskühlen des naßgeschwitzten Rückens.

Das Finsteraarhorn – trotz Eiger, Mönch und Jungfrau die höchste Erhebung im Berner Oberland. Wir sind nicht gestern einen Tag zur Hütte und heute stundenlang bis an das 4000 m hohe Depot des Hugisattels gestiegen, um hier abzubrechen. Noch fehlen 274 Höhenmeter in kombiniertem Fels-Eis-Gelände ohne Ski. Aber dieses Beispiel zeigt, daß wir je nach Berg unterschiedlich viel Erfahrung für die letzten Meter zum Gipfel brauchen. Man muß sich langsam steigern! Am 2928 m hohen Badus der Vorderrheinquelle (letztes Foto) waren es nur 20 Höhenmeter in einem vergleichsweise einfachen Gelände.

Stöcke, Seil, Pickel und Steigeisen

Stöcke

Im mittelsteilen Gelände gehen wir vom Skidepot weg in Serpentinen, etwa ab 40° in der «Direttissima». Die Stöcke sind dabei oft von großem Nutzen.

Stöcke sind eine wertvolle Gleichgewichts-, Stütz- und Entlastungshilfe, hier beim schrägen Aufsteigen mit Übersetz- und Nachstellschritt. Dabei wird der Schuh (unter Umständen mehrfach unmittelbar hintereinander) in den Schnee seitlich «eingerieben», der Bergstock kürzer gefaßt.

Große Dienste leisten Stöcke insbesondere beim Eintreten von Firnstufen im Direktanstieg. Vorsicht ist allerdings bei geringer Schneeauflage geboten. Man kann sich nicht nur die Zehen stauchen, sondern auf den Gesteinsplatten auch ausrutschen und ins Abgleiten kommen.

Wer etwas heikle Passagen ohne Stöcke überwinden muß, der tut dies am besten in der Liegestützhaltung. Dies ist zwar zeitraubend, aber bei großen und nach innen geneigten Trittstufen relativ sicher. Dreipunktregel: Nur ein Arm bzw. ein Bein wird jeweils bewegt.

Seil

Ein Fixseil kann, insbesondere in der größeren Gruppe, den Aufstieg erheblich erleichtern. Falls das Seil nicht am Fels, z. B. durch das Legen einer Schlinge um einen Granitkopf, befestigt werden kann, greifen wir auf den T-Anker des eingegrabenen Eispickels zurück. In den Karabiner der Bandschlinge legen wir einen Mastwurf.

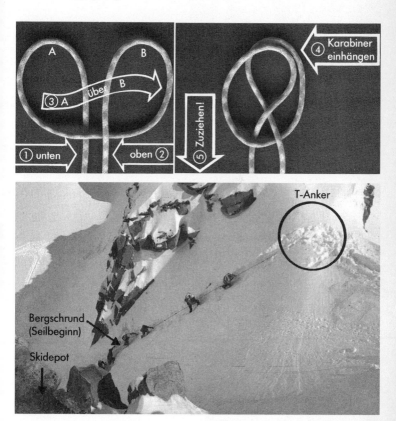

Ein harmloser 10-m-Anstieg vom breiten, ebenen Skidepot aus. Es besteht keinerlei Gefahr, und doch hätte die Gruppe ohne Seil aufgeben müssen, da die Neuschneeauflage keine Bindung zu dem Blankeis des Untergrunds hatte. An diesem Traumtag kein Blick vom Piz Borel (2952 m) ins Tessin – wegen lumpiger zehn Meter und nach einem fünfstündigen Aufstieg? Nachdem der Vorausgehende Stufen in das Eis schlug, ließ sich das Seil mit Hilfe eines T-Ankers am Grat oben optimal fixieren. Es sollte mit nicht mehr als drei Personen belastet werden.

Bau eines T-Ankers, der auch bei der Spaltenbergung eine wichtige Rolle spielt (vgl. Seite 187–188): Wir heben im härteren Firn mit dem Eispickel einen T-Schlitz aus, dessen oberer «Buchstabenbalken» einen halben Meter tief sein und quer zur erwarteten Zugrichtung liegen sollte. Der Längsschlitz verläuft parallel zur Zugrichtung und allmählich zur Schneeoberfläche hinaus.

Mittels Ankerstich wird am Pickel eine Bandschlinge befestigt.

Der Pickel wird austariert, damit später kein einseitiger Zug erfolgt.

Wir legen den Pickel in den Querbalken des «T», die Bandschlinge in den Auslauf-graben und drücken die Haue so tief ein, daß der Pickelschaft waagerecht liegt.

Die Gräben werden kurz mit Schnee aufgefüllt und zugetreten, wobei die Schneefläche vom Pickel zur Zugrichtung hin aber nicht verletzt werden darf. Wir treten den Pickel eher etwas von hinten her zu, d. h. von der der Zugrichtung abgewandten Seite. In das aus dem Schnee schauende Ende der Bandschlinge hängen wir einen HMS-Karabiner.

Dient das Seil «nur» der Aufstiegserleichterung, ermöglichen Knoten oder Schlaufen ein besseres Höherkommen. Sobald wir es aber mit gefrorenen, längeren oder exponierteren Firnfeldern zu tun haben, hat das Seil die Funktion eines zwingend notwendigen Sicherungsmittels. Jetzt müssen wir anders vorgehen, dürfen uns nicht mehr auf das freie Steigen und bloße Festhalten an Handschlaufen verlassen: Ein Prusik-Klemmknoten, der beim Ausrutschen blockiert (siehe Seite 111) wird im Fixseil mitgeschoben, oder es wird bei geringer Teilnehmerzahl wie beim Fels- und Eisklettern gesichert. Hier verlassen wir den Bereich der «üblichen» Skitour, sollten spezielle Literatur gründlich lesen (HARDER/ELSNER 1987).

Pickel und Steigeisen

Wir haben gesehen, daß das Schlagen von Stufen während kürzerer Passagen einmal notwendig sein kann – aus Gründen der Sicherheit oder der Anstiegsökonomie. Zumindest einer der Gruppe sollte daher über das entsprechende «Know-how» und einen Eispickel verfügen. In diesem Fall eignet sich am besten ein Allroundgerät mit wenig gekrümmter Haue. Es hat eine große Sprengwirkung und «frißt» sich nicht so fest wie ein vorne stark gebogener Steileispickel zum Klettern.

Ist es zur Überwindung einer kritischen Passage notwendig, Stufen zu schlagen, beispielsweise weil nicht mit Vereisung gerechnet wurde und nun die Steigeisen fehlen, so ritzt man beim Schräganstieg zuerst die horizontale Basislinie der geplanten Stufe an, schlägt dann dreimal kräftig mit der Haue aus der Schulter heraus zu. Es folgen ungefähr ebenso viele Schläge senkrecht und vielleicht noch ein Schlag vorne. Die Stufe wird mit der Schaufel ausgeräumt. Sie soll leicht nach innen geneigt und vor allem groß genug sein.

Vertikalstufen zur Bewältigung kurzer Steilabschnitte haben die Form eines Dreiecks. Die Schläge erfolgen von der Spitze aus abwechselnd links und rechts sowie leicht nach innen.

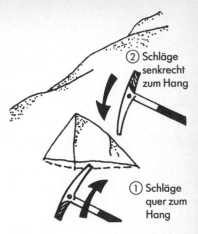

② Schläge senkrecht zum Hang

① Schläge quer zum Hang

Ein Pickel mit stark gekrümmter Haue (links) «frißt» sich wie das Eisbeil (Mitte) fest. Er eignet sich besser zum Klettern als zum Stufenschlagen. Ist die Haue weniger gebogen (rechts) – und bleibt das Handgelenk während des Zuschlagens locker, so daß der Pickel etwas abgekippt, d. h. «verrissen» werden kann –, hat der Schlag den gewünschten Sprengeffekt. Ideal ist natürlich ein Pickel mit austauschbarer Haue (Mitte unten).

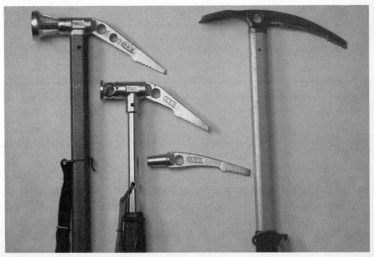

Übersetzschritte beim Schräganstieg in mittelsteilen Passagen. Sind die Anforderungen geringer, wählen wir die Technik des «Spazierstockpickels» als Vertikalstütze (links). Sind sie größer, ist die «Seitstütztechnik» vorteilhafter, wobei der Pickel ganz unten an der eingerammten Spitze gehalten wird und alle Zacken des daher möglichst hangabwärts gedrehten Steigeisens greifen sollen (rechts). Reihenfolge: Pickeleinsatz, Übersetzschritt, Nachstellschritt, Pickel usw.

Haben alle der Gruppe einen Pickel dabei, was bei ausgesprochenen Skihochtouren unerläßlich ist, so bietet sich dieser natürlich nicht nur als T-Anker und zum Stufenschlagen an, sondern vor allem als «Gehhilfe», wenn das längere Steigen auf hartem Untergrund nur mit den Skistöcken nicht mehr ratsam erscheint. In Kombination mit den Steigeisen erspart man sich dann auch das lediglich für kurze Passagen gedachte Schlagen von Stufen. Alles geht viel schneller und genauso sicher.

Wächten

Ganz oben an Graten sollte dann noch auf die Gefahr eines *Wächtenbruchs* geachtet werden. Manchmal sind solche Schneebretter von der Anstiegsseite her nämlich gar nicht wahrzunehmen! Ein Blick in die Karte bei der Tourenvorbereitung sagt hier eventuell schon mehr.

Der Traum jedes Skibergsteigers: ein unberührter Grat zum Gipfel. Gerade dann aber muß, obwohl das Folgen fremder Spuren auf vielbegangenen Bergen keinesfalls Sicherheit garantiert, darauf geachtet werden, daß man die Bruchlinie der Wächte nicht überschreitet, d. h., daß weit genug innen gegangen wird.

Nicht immer ist es einfach, der Bruchlinie auszuweichen, was unbedingt sein muß. Links unterhalb des kleinen Steines in der Bildmitte haben wir hinüberzuqueren, fast schon in der Flanke (Foto unten). Und der unsichtbare Gipfel liegt noch hinter dem kleinen Grataufschwung! Ist der Untergrund hart gefroren und sind keine tiefen alten Tritte vorhanden, kann diese Aktion wegen nicht vorhandener Ausrüstung oder mangels Erfahrung sehr gefährlich sein. Der Unvorsichtige wird die Stöcke umdrehen und versuchen, die Handgriffe einzuschlagen, mittendrin unter Umständen das «Flattern» bekommen, abrutschen und das – sollte es mit ein paar Rippenbrüchen abgegangen sein – nie wieder machen.

Pickel und Steigeisen! Oder: geschlagene Firnstufen und tief eingedrückter Pickelschaft! Oder: Firnstufen und T-Anker-Geländerseil! Alles vollzieht sich mit Hilfe des geeigneten Geräts souverän und risikolos – und unter der Voraussetzung des entsprechenden «Know-how». Zu dem gehört zu wissen, daß man hier nicht gleichzeitig ohne Fixpunkt am kurzen Seil geht. Die Gefahr wäre genauso groß wie bei unserem «Bruder Leichtsinn» mit seinen Skistöcken. Einer könnte den anderen mitreißen!

Auf dem Gipfel

- Achte zuerst auf mögliche Wächten!
- Gehe beim Fotografieren niemals unachtsam rückwärts – auch nicht einen einzigen Schritt!

«Am 12. August kletterte eine italienische Dreierseilschaft unter Führung des Trientiners Claudio Marchese über die Gelbe Kante auf die Kleine Zinne (Dolomiten). Beim Versuch, beide Seilpartner am Vorgipfel der Kleinen Zinne zum Gipfelfoto in das Objektiv zu bekommen, stieg Marchese offensichtlich einen Schritt zu weit zurück, verlor den Halt und riß seine beiden Partner 300 Meter tief mit in den Abgrund» (BERGHOLD 1988, 63).

Am Gipfel spielt sich das Geschehen vielfach auf engstem Raum ab. Konzentriere dich stets bei sämtlichen Bewegungen, die du machst! Nicht alle Ziele sind so einsam wie dieses. Im «Gewusel» auf Modebergen kann sehr schnell ein Fehler gemacht werden.

Lege Klebeseite auf Klebeseite und hänge, solltest du dich auf einem Gipfel befinden, der einen Zustieg mit Skiern bis ganz hinauf gestattet, die Felle zum Trocknen an der Schaufel auf! Am hinterher verlassenen Skidepot darf man das allerdings nur machen, wenn nicht die Gefahr besteht, daß der Wind die Felle mitreißt.

● Gönne dir, wenn es Wind und Temperaturen zulassen, vor der Abfahrt eine Pause!

● Achte darauf, daß du nicht total auskühlst! Schlafe umgekehrt bei Sonne und Wärme aber auch nicht ein! Körper und Gesichtshaut werden es dir danken.

● Sei vorsichtig mit sogenannten «Gipfelschnäpsen»! Dein Kreislauf ist vom Aufstieg aktiviert. Der Alkohol wirkt schnell, und du überschätzt unter Umständen dein Können bei der Abfahrt. Vergiß nie, daß du dich im (Hoch-)Gebirge befindest!

● Wirf keine Abfälle weg! Nimm sie wieder mit ins Tal!
Wenn jeder Besucher seinen Müll oben ließe, dann lohnte es sich bald nicht mehr hinaufzusteigen. Umweltschützer sammelten auf den Alpengipfeln in einem Jahr 2500 Dosenverschlüsse, allein im Allgäu 1,5 Tonnen Flaschen, Dosen und Tempos.

● Schalte, wenn du es unnötigerweise ausgeschaltet hast, vor der Abfahrt dein Verschüttetensuchgerät wieder auf «Senden»!

● Mache, sofern man direkt vom Gipfel abfahren kann, ein paar Aufwärmübungen! Fahre zumindest langsam ein, und lasse dich nicht von einer oft aufkommenden Euphorie übermannen! Wenn du ausgekühlt oder zu forsch beginnst und einen Unfall hast, bringst du auch deine Freunde um den verdienten Genuß des Abfahrens.

Abstieg und Abfahrt

Zum Skidepot zurück

Geht das Gipfelschneefeld in keinen Felsabbruch oder einen mit Felsblöcken gespickten Geländeabschnitt über, kann man mit etwas Geschick
auf den Schuhen «abfahren» oder «sprunghaft absteigen». Sprunghaftes
Absteigen – schon in sommerlichen Geröllfeldern ein Genuß – «macht im
Winter noch mehr Laune», ist aber auch gefährlicher! Auf hartem Firn
besteht die Gefahr des Ausrutschens und Abgleitens, doch darf der
Schnee andererseits auch nur so tief sein, daß die Knie, um ein Vorne-
überstürzen zu verhindern, trotz der schnellen Vorwärtsbewegung noch
angehoben werden können!
Erfordert das Gelände mehr Konzentration – der Bergsteiger hat oft zwi-
chen gefühlsbezogener Lust und vernunftsdiktierter Vorsicht abzuwä-
gen –, so ist es ratsam, kontrolliert abzusteigen:
- Das Gesicht bei «normalen» Touren in der Regel talwärts, bei großer
  Steilheit allerdings zum Berg!
- Die Beine gut belasten, d. h. den Oberkörper nach vorne neigen und
  nicht zum Hang hängen oder gar auf dem Hosenboden rutschen!
- Die Fersen eintreten, breitbeinig gehen! Gewichtsverlagerung!

Abstiegshaltung talwärts: Fersen einkeilen, Oberkörpervorlage, das Lot des Körperschwerpunkts befindet sich etwa über dem vorderen Bein, keine zu großen Schritte (Seitenansicht)! Deutliche Gewichtsverlagerung: «Links, rechts, links!» Hin- und herpendeln (Frontalansicht)! Werden dabei Steigeisen getragen, ist unbedingt auf eine hüftbreite, leicht (nach unten offene) V-förmige Stellung der Füße und auf ein hangparalleles Aufsetzen der Eisen zu achten! Hier also keinesfalls die Fersen eindrükken!

Im schwierigeren Gelände wenden wir wiederum die Seitstütztechnik mit Pickel und Steigeisen an, wählen aber im Gegensatz zum Aufstieg die Fallinie. Während der Eispickel und ein Bein belastet sind, wird das andere nach unten gesetzt.

- Wer auf hartem Firn ausrutscht und keine Steigeisen trägt, muß sofort versuchen, die *Liegestützhaltung kopfaufwärts* einzunehmen und dadurch zu bremsen! Kopfabwärts und auf dem Rücken besteht keine Chance, das Abgleiten zu stoppen! Hat man einen Pickel dabei, wird ebenfalls in der Bauchlage kopfaufwärts gebremst, aber die Unterschenkel sind, wenn sich Steigeisen an den Füßen befinden, angehoben, um ein «Aufstellen» und Überschlagen des Körpers zu verhindern!

- Im felsigen Gelände wird abgeklettert, normalerweise wiederum mit dem Gesicht talwärts oder mit einer Körperseite zum Fels. Treten dabei Probleme auf, sollte man sich mit dem Gesicht dem Fels zuwenden und rückwärts abklettern. Dies ist sicherer, wenngleich auch ziemlich zeitraubend.

- Ungeübte steigen über steile Firnfelder natürlich wieder gesichert ab. D. h.: Es gibt einen Fixpunkt, z. B. einen T-Anker oder ein Felsköpfl. Über diesen wird ein einzelner vom Partner hinuntergesichert, oder mehrere steigen am Fixseil ab und schieben dabei einen Prusik-Klemmknoten mit (vgl. S. 111).

Nach dem beidhändigen Abfangen des Sturzes beim Abgleiten kopfabwärts (oben) einen Ellenbogen (hier den linken) eindrücken, mit dem Körpergewicht diesen Drehpunkt-Anker voll belasten, die Knie etwas zur Seite hängend kurz anziehen und die Beine aktiv auf der dem Ellenbogen gegenüberliegenden (hier rechten) Seite talwärts führen, sofort wieder strecken! Aus dieser Seitlage (Mitte links) durch Übergreifen in die Bauchlage kopfaufwärts kommen (Mitte)! Beine spreizen, Becken anheben, Schuhspitzen eindrücken! Nur im Liegestütz endet «die Fahrt» schnell (unten).

Rückenlage kopfabwärts! Am besten wählt man «den direkten Weg»: eine Art Rolle rückwärts – «eine Art» deshalb, weil wir einerseits nicht zusammengekauert ins Kugeln kommen, also keine enge, saubere Rolle machen dürfen, sondern «lang» landen müssen, andererseits aber auch keine sportliche Felge durch explosives Armstrecken in den

flüchtigen Handstand «hinaufstechend» durchführen können, da wir dann senkrecht landend zum Stand kämen und es demzufolge mit erhöhter Rotationsgeschwindigkeit «in den Flickflack überginge». Es soll quasi eine «verkorkste Rolle rückwärts» mit dosiertem Auskippen der Beine nach hinten (weniger nach oben) und einem sofortigen Spreizen sein!

Haben wir einen Pickel dabei, bremsen wir — je nach Härte des Untergrunds — mit der Haue oder Schaufel. Dabei faßt eine Hand den Pickelkopf, die andere den Schaft. Auch bei einem Sturz kopfabwärts dreht es den Körper aufgrund dieser exzentrischen Aufhängung rasch in eine Lage kopfaufwärts. Die Beine sind auch hier gespreizt, und die Schuhspitzen werden eingedrückt (links). Niemals aber darf man das mit Steigeisen machen! Die Unterschenkel sind unbedingt anzuheben (oben rechts). Wer dies nicht tut und mit den Frontalzacken Kontakt zum Firn bekommt, den «stellt es auf» (Mitte rechts), und er überschlägt sich unter Umständen mehrmals — ein «Erlebnis für die Halswirbelsäule» (unten rechts).

Verschiedene Schneearten

Der eigentliche Höhepunkt einer Skitour ist nicht immer nur die Spitze des aus eigener Kraft erstiegenen Berges, sondern oft auch die wirklich alles krönende Firn- und Pulverschneeabfahrt. In diesem Fall hat man Glück gehabt oder bei der Tourenplanung richtig kalkuliert. Haben wir schlechte Schneeverhältnisse, dann war eben der Berggipfel das Größte, doch können auch die Herausforderung eines fast nicht mehr fahrbaren Bruchharsches, der einem das Letzte abverlangt, oder eine rippige Steilrinne mit ihrem psychischen Reiz ein intensives Erlebnis und Befriedigung vermitteln – genauso wie das Durchhalten gegen Wind und Kälte bei nebelerschwerter Orientierung während des Aufstiegs.

Für viele Anfänger ist es ein Schlüsselerlebnis zu erkennen, daß Schnee außerhalb der Pistenautobahn nicht gleich Schnee ist. Es gibt recht verschiedene Arten davon, die auch unterschiedlich gut zu fahren sind und die verschiedene Fahrtechniken verlangen.

Firnschnee Wildschnee	sehr leicht zu fahren
Pulverschnee tragender Harsch	leicht zu fahren
tiefer Firnschnee tiefer Pulverschnee rippiger Harsch	schwieriger zu fahren
Preßschnee Sulzschnee	schwierig zu fahren
Bruchharsch Faulschnee	sehr schwer oder nicht mehr zu fahren

Dabei können die Schneearten während der Tour durchaus wechseln. Und darauf sollte man auch stets gefaßt sein. Ein zu forciertes Fahren birgt große Sturzrisiken, besonders bei zunehmender Ermüdung!

Sonnige Frühjahrstage, nächtlicher Frost. Unter diesen Voraussetzungen trägt die Schneedecke, ist hart gefroren. Nach einer gewissen Zeit der Sonneneinstrahlung taut sie drei bis fünf Zentimeter tief auf. Es entsteht vorübergehend traumhaft zu fahrender Firnschnee. Später wird dieser immer tiefer, geht in Sulz- oder gar Faulschnee über.

Ein völlig anderes, wenngleich nicht weniger berauschendes Fahrgefühl: lockerer Pulverschnee oder gar bei Windstille und −20 °C gefallener, extrem leichter Wildschnee. Im Gegensatz zum Firn schwingt man hier nicht «auf», sondern quasi «in» der Schneedecke.

Windbearbeiteter Preßschnee im gegenüberliegenden Hang. Die «Windgangeln» lassen schon vom Gipfel des Ravetsch (3007 m) aus darauf schließen, daß er den Skiern einen hohen Drehwiderstand entgegensetzen würde und daß er schneebrettgefährlich sein könnte.

«Rien ne va plus!» Im Bruchharsch mit seiner glasigen, aber nicht tragenden Oberflächenschicht tun sich auch gute Fahrer schwer.

Die richtige Fahrtechnik

Außerhalb der Piste, insbesondere bei Tiefschnee, wird *Parallelschwung* gefahren, d. h., die Ski werden zum Drehen (häufiger) durch die Hoch- oder (seltener) durch die Tiefbewegung gleichzeitig entlastet. Das Umsteigen mit deutlich einseitig akzentuierter Skibelastung ist wegen der unterschiedlichen Einsinktiefe weniger geeignet – eher eine Art «Sicherheitsschwung» bei langsamem Fahren. Auf Firn ist hingegen jede Fahrtechnik anwendbar.

Abstoß-
vorbereitung:
Beugen der
Beine und des
Rumpfes.
Vorbereiten
des
Stockeinsatzes!

«TIEF!»

Andrehen der
Skier.
Abstoß mit
Hochbewegung
und
Stockunterstützung

«HOCH!»

Schwung-
steuerung:
Beine drehen
gegen den
Rumpf im
Beugen!

«TIEF!»

Hochschwung mit Drehabstoß (hier als Linksschwung)

Vorbereitung:
Anfahrt in
aufrechter
Körperhaltung

«HOCH!»

Andrehen der
Skier im
Beugen mit
antizipativem
Stockeinsatz

«TIEF!»

Schwung-
steuerung:
Streckdrehen
der Beine
gegen den
Rumpf!

«STRECKEN!»

Tiefschwung mit Strecken (hier als Linksschwung)

Im Tiefschnee gilt

- Versuche – wenn die Ski nach einer kurzen Schußfahrt auf die Beinbewegung reagieren – in einen gleichmäßigen Rhythmus zu kommen!
- Versuche – insbesondere im schweren Schnee – nahe der Fallinie zu schwingen! Nur dann reichen Tempo und Fahrwucht für die Richtungsänderungen aus! Nicht zu zaghaft sein und auch kein zu flaches Gelände wählen!
- Stelle die Ski nicht quer! Fahre «rund»! Die Schwünge nur so weit aussteuern, daß das Tempo nicht absinkt! Es soll gleichmäßig sein.
- Schließe konsequent die Beine!
- Keine Überbetonung der Rücklage!

Vielfach wird im Tiefschnee die Rücklage zu stark betont. Manchem Fahrer zwingt eine kompakte Schneedecke, in der sich die Ski kaum noch drehen lassen, zwar einen solchen Fahrstil auf, aber dieser ist – ganz abgesehen davon, daß so das Tempo nur schwer kontrolliert werden kann – enorm anstrengend. Nur solange die Kraft reicht, macht dann das Hinunterschwingen auch Spaß. Merke: Beim Geradeausfahren und Einleiten des Schwunges sind zwar die Skispitzen anzuheben und demzufolge der Körperschwerpunkt nach hinten zu verlagern, aber man darf nicht andauernd in den Stiefeln hängen. Zur Aussteuerung des Schwunges muß das Körpergewicht wieder über den Schuhen sein.

Zumindest im «normalen» Tiefschnee empfiehlt es sich, die Rücklage zugunsten einer Mittellage (wie hier) aufzugeben, statt dessen die Knie mehr zu beugen und dann besonders aktiv zu entlasten. Und: die Fahrwucht nutzen!

Ein schon etwas zerfahrener Gipfel-
hang mit reichlich Pulverschnee: Die
deutliche Hochentlastung ist gut zu sehen (beidbeiniger Drehabstoß).

In lawinenverdächtigem Gelände, bei Nebel und diffusem Licht oder ständig wechselnder Schneebeschaffenheit, beim Abfahren am Seil auf Gletschern oder mit schwerem Gepäck sowie bei Anzeichen deutlicher Ermüdung sollte man kontrolliert abfahren. Am besten eignen sich hierfür *Bergstemme* oder *Grundschwung*.

Auf hartem Harsch kann man selbstverständlich auch mit Parallelschwung kontrolliert fahren, sollte hier aber die Schwünge deutlich aussteuern, verstärkt aufkanten und den Außenski konsequent belasten. Stürze in unzergliederten gefrorenen Hängen können fatale Folgen haben.

Im Bruchharsch und in Steilrinnen kommt oft das *Umspringen* zum Zuge, im zuerst genannten Fall teilweise in Verbindung mit einer vorausgehenden Rücklage und extremer Beinstreckung, im zweiten teilweise mit Doppelstockeinsatz. Gefrorene Rinnen, die das Überwinden der Angst und hohe Konzentration erfordern, legen manchmal gar ein *Seitrutschen* nahe. *Schrägfahrten* zwischen *Spitzkehren* können schließlich das letzte Mittel sein, sich eines Bruchharsches zu erwehren.

Abstoßvorbereitung: Ausstemmen des
Bergskis im Beugen, Vorbereiten des
Stockeinsatzes!

«TIEF!»

Andrehen der
Skier. Abstoß
vom bogeninne-
ren Ski mit Hoch-
bewegung und
Stockunterstüt-
zung, Umsteigen
auf den Au-
ßenski, Beidre-
hen des Innen-
skis!

«HOCH!»

Schwungsteuerung: Beine drehen
gegen den Rumpf im Beugen!

«TIEF!»

Bergstemme mit Drehabstoß (hier als Rechtsschwung)

In Steilrinnen, die aber aus Sicherheitsgründen nur unter bestimmten Voraussetzungen (wie hier einer gefrorenen und nicht lawinösen Schneedecke) betreten werden dürfen, wird oft umgesprungen oder abgerutscht.

Die Abfahrtsroute

Jede Abfahrt außerhalb der Piste verlangt Mitdenken hinsichtlich der Schneedeckenbeschaffenheit und ihrer teilweise auch tageszeitlich bedingten Veränderung – im Sinne der Fahrsicherheit, aber auch des bloßen Abfahrtsgenusses. Wer sich im Frühjahr durch eine einbrechende Schneedecke hinunterquält, wenn sie nur wenige Meter nebenan tragen und herrlichen Firn bieten würde, ist selbst schuld.

Die Abbildung zeigt ein langgezogenes Hochtal, das von dem Dreitausender des Hintergrunds genau nach Süden verläuft und fünfzehnhundert Höhenmeter Abfahrt bietet. Warum brechen wir nun am 17. März (von unten gesehen) links der Talmitte ein, d. h. in der nach Südosten exponierten Begrenzungsflanke? Weshalb rechts in der südwestwärts gelagerten Talseite mit ihrem Super-Firn nicht?

Seit einer Woche wurde es regelmäßig am späten Vormittag sehr schönes Wetter, doch hatte die Sonne bis zu dieser Tageszeit in einem jeden Zuschauer faszinierenden «Kampf der Elemente» damit zu tun, die Wolken und Hochnebelfelder aufzulösen. D. h.: Morgens, im Osten und damit in einem günstigen Einstrahlungswinkel zum Südost-Hang (nämlich fast gegenüber-)stehend, war sie lange verdeckt, und wenn sie einmal zwischen den Wolkenfetzen hervorlugte, dann stand sie noch tief und entwickelte nicht ihre volle Kraft. Aus großer Höhe und einem wolkenlosen Himmel brannte sie erst gegen Mittag aus südlicher Richtung, also bereits seitlich in den Hang. Im Laufe des Tages wurde dann der Einstrahlungswinkel auf ihrem Weg nach Westen immer spitzer, d. h. strahlungsungünstiger. All dies führte dazu, daß die Schneedecke tagsüber in dieser Höhe von deutlich über 2000 m in der Südostflanke links der Talmitte nicht sehr tief durchtaute, die frühmorgens gefrorene Oberschicht demzufolge recht dünn ist und nicht lange tragen wird.

Völlig anders sah es hingegen rechts in dem nach Südwesten gerichteten Seitenhang aus. Er wurde länger und von einer hoch stehenden Sonne steil bestrahlt, aus einem wolkenlosen Himmel und einem aufgrund der Sonnenwanderung immer günstigeren Winkel, überwiegend fast frontal. Die Schneedecke taute am Tag tief auf, ist nach kalten Nächten auch dementsprechend tief gefroren. Sie trägt hervorragend und länger.

Fahren wir nun heute, nachdem es schon um 5.30 Uhr bei Kälte und an *diesem* Tag klarem Himmel ausgesprochenes Skitourenwetter war, gegen 11 Uhr durch besagtes Hochtal ab, liegt auf der Hand, warum die Südostflanke einbricht: Die Sonne strahlte schon zwei Stunden frontal aus Südost ein, taute die dünne, tragfähige Schicht schnell durch, und aus ist es mit dem Abfahrtsgenuß. Die aufgrund der Vortage viel dickere Schmelzharschschicht der Südwest-Talseite wird wesentlich später beschienen,

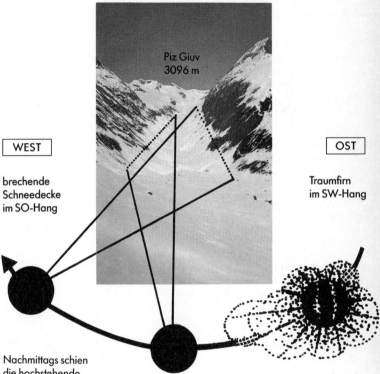

NORD

WEST

OST

Piz Giuv
3096 m

brechende
Schneedecke
im SO-Hang

Traumfirn
im SW-Hang

Nachmittags schien
die hochstehende
Sonne aus einem
wolkenlosen Him-
mel und unter einem
immer günstigeren
Winkel in den SW-
Hang!

Am späten Vormittag
löste die Sonne Wol-
ken und Hochnebel
auf, strahlte aber aus
einem nun schon spit-
zen Winkel (ungün-
stig) in den SO-Hang
ein!

Vormittags war die
niedrigstehende
Sonne lange verdeckt,
strahlte kaum in den
gegenüberliegenden
SO-Hang ein!

SÜD

weil die Sonne erst von Südost auf Süd um den Bergkamm des rechten Bildrandes herumwandern muß. Um 11 Uhr trägt hier die Schneedecke noch einwandfrei und ist gerade etwa 3 bis 5 cm tief aufgefirnt – ein Traum für den, der ein bißchen mitdenkt!

Das Gespür, eine «Nase» für die optimale Streckenwahl, läßt sich nur in der Praxis durch eigenes Ausprobieren erwerben, bewußt vergleichendes Fahren: Man wählt (ungefährliche) konkave Bodenvertiefungen und im Gegensatz dazu konvex gekrümmte Erhöhungen, fährt windverblasene und windgeschützte (ungefährliche) Bereiche, flachere Streckenabschnitte mit geringerem Einstrahlungswinkel der Sonne und deutlich steilere, fährt Hangrücken und Buckel links oder rechts, also beispielsweise ost- und westseitig hinunter, vergleicht die Schneedeckenbeschaffenheit zu verschiedenen Tageszeiten und auf verschiedenen Höhen, bei vorhandener und nicht vorhandener Bewölkung, nach grimmig kalten und nach

Der optimale Abfahrtszeitpunkt kann nur situationsspezifisch entschieden werden. Fahren wir z. B. im März in südseitigen steilen Hängen um 1800 bis 2500 m normalerweise gegen 10.30 Uhr ab, um Firn zu haben, so kann die ideale Zeit im späten Juni und in einem Westhang großer Höhe erst um sogar 14 Uhr liegen, wie hier bei der Abfahrt von der Grünhornlücke zum Konkordiaplatz des Aletschgletschers hinunter. Südseitig und tiefer brächen wir längst durch – es bestünde unter Umständen Lebensgefahr –, und früher im Jahr böten die sonst zu Recht «geschmähten» Westhänge einen furchtbaren Bruchharsch. Unter den spezifischen Bedingungen *dieser* Situation aber finden wir – erkennbar an den weißen Firnspuren im grauen, soeben angetauten Altschnee – jetzt herrliche Bedingungen!

milden Nächten. Anhand dieser Unterschiede lernt man sehr viel, schätzt die Gegebenheiten für eine vielversprechende Abfahrt von Tour zu Tour besser ein. Und man ist flexibel genug, die groben Planungsdaten der Vorbereitung (vgl. Seite 26–27) an Ort und Stelle korrigieren zu können, weiß, ob am Skidepot aus Zeitknappheit auf den Gipfel verzichtet und abgefahren werden muß oder ob es sich sogar noch zu warten lohnt, bis es «auffirnt».

Trotz vielschichtiger Einflußgrößen können wir uns aber merken, daß Sonneneinstrahlung (damit die Hangrichtung) und Hangneigung dominierende Kriterien der zu erwartenden Abfahrtsverhältnisse (z. B. Firn) darstellen. Schon während des Aufstiegs läßt es sich anhand der angetroffenen Voraussetzungen (z. B. tief durchgefrorener Harsch und klarer Himmel) überprüfen, ob unsere Kalkulation aufgehen wird.

Bei drei gleich breiten Strahlenbündeln (←→) trifft jeweils dieselbe Strahlenmenge ...

... in einem Nordhang überhaupt nicht auf die Hangoberfläche (höchstens – und dies nur kurz am Tag bei hochstehender Sonne – auf Zwischenplateaus)

... auf einem südseitigen Hochplateau auf z. B. 400 m Hangstrecke ($\hat{=}$ 2000 m² bei 500 m Hangbreite)

... in einem stark geneigten Südhang auf z. B. 300 m Hangstrecke ($\hat{=}$ 1500 m² bei 500 m Hangbreite)

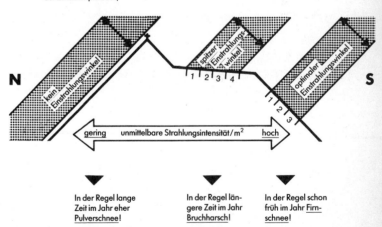

In der Regel lange Zeit im Jahr eher Pulverschnee!

In der Regel längere Zeit im Jahr Bruchharsch!

In der Regel schon früh im Jahr Firnschnee!

Treffen die Sonnenstrahlen in einem annähernd 90° ausmachenden Winkel relativ direkt auf einen Hang, so wirkt sich dies auf die Befahrbarkeit der Schneedecke ganz anders aus als ein spitzer Einstrahlungswinkel. Jetzt ist uns auch klar, warum wir in dem beschriebenen Val Giuv überhaupt in den steilen Nebenhängen nach günstigen Abfahrtsverhältnissen gesucht haben. Wir sind im flacheren Talgrund eingebrochen. Südostseitig konnten wir nichts erwarten, südwestseitig hatten wir Erfolg.

Ist das die vielzitierte «Freiheit auf den Bergen»? Beim Abfahren in der Gruppe wohl kaum! So stellt jeder für den anderen eine Gefahr dar!

Abfahren in der Gruppe

Handelt es sich um eine vom Fahrkönnen, der Kondition und der alpinen Erfahrung her gesehen homogene Gruppe, ist die Sicht gut und besteht keine Lawinen-, Spalten- oder Absturzgefahr, so wird bei passablen Schneeverhältnissen innerhalb vorher abgesprochener Geländegrenzen natürlich das *freie Abfahren* bevorzugt. Freies Fahren bedeutet aber nicht, chaotisch durcheinanderzuschwingen und sich gegenseitig zu gefährden. Man fährt «Formation», d. h. gleichzeitig, aber – sich an der gebietsbegrenzenden Spur des Ersten orientierend – seitlich und etwas hintereinander versetzt. So werden auch die Hänge nicht wild durchpflügt, und es bleiben für nachfolgende Gruppen noch genügend unberührte Zonen.

Treffen diese Voraussetzungen für das Formationsfahren nicht zu, sollten die nachstehend genannten Regeln tunlichst eingehalten werden. Die vielgepriesene Maxime «Heterogene Gruppen bewältigen in individueller Weise das Gelände» mag man vielleicht für die Piste als «pädagogisch wertvoll» ansehen, im Hochgebirge kommt sie hingegen einer «Verletzung der Fürsorgepflicht», einer «Vernachlässigung der Aufsichtspflicht» oder einer «unterlassenen Hilfestellung» sehr nahe!

● Der gebirgserfahrenste Skiläufer fährt voraus, sucht die geeignete Strecke und wartet an bestimmten Stellen. Die anderen folgen im jeweiligen Geländeabschnitt *einzeln* nach, z. B. in Steilhängen, Couloirs und schwer einsehbarem Gelände. Oder sie fahren *Kontakt haltend* als «Schlange» in der Spur, z. B. bei diffusem Licht und Nebel.

● Beim Schlangefahren wegen der schwächeren Teilnehmer, die nicht zu schnell unterwegs sein dürfen, die Spur nicht zu steil anlegen! Keinen Druck auf die hinteren ausüben! Den Vorausfahrenden andererseits aber auch nicht überholen, selbst dann nicht, wenn er stürzt!

● Ein weiterer guter bzw. zuverlässiger Mann bildet den Schluß – und hält diese Position auch! Er führt die Skiverschraubung und die aufblasbare Arm- und Beinschiene mit sich, denn sonst müßte er ja zum «Ort des Geschehens» gegebenenfalls wieder aufsteigen. Ist der Schlußmann jeweils da, weiß der Vordere, daß es weitergehen kann.

● Bei Nebel entlang der Aufstiegsspur abfahren! Sich beherrschen!

● Wenn notwendig, den Teilnehmern Verschnaufpausen gönnen, wer körperlich überfordert wird, begeht Fahrfehler.

● Unter dem Hang oder an sicheren Stellen warten, nicht mittendrin! Und schon gar nicht in der Abfahrtslinie! Vor nicht einsehbaren Streckenabschnitten und Engstellen sammeln! Im Gegensatz zur Piste oberhalb des Führers und seitlich versetzt abschwingen!

Eine typische Situation, in der vor einer kritischen Stelle angehalten wird. Jeder fährt einzeln durch den Engpaß, die Bodenwelle hinunter und über den verfüllten Rhein. Wird dies so nicht gehandhabt, drohen «Auffahrunfälle».

Nochmals: Lawinengefahr

Verlasse dich keinesfalls auf fremde Abfahrtsspuren! Sie müssen nicht unbedingt durch lawinensicheres Gelände führen. Fahren wir nicht im Bereich der eigenen Aufstiegsspur ab, ist die Situation zu prüfen.

Vor allem sollte bekannt sein, ob es sich um Lockerschnee oder um Festschnee handelt, der durchaus auch weich sein kann, aber doch verfilzt ist und ein Schneebrett bildet. Läßt sich nicht schon an Windgangeln oder fremden Abfahrtsspuren erkennen, daß es sich keinesfalls um harmlosen Lockerschnee handelt, bietet sich der *Schweizer Schaufeltest* an. Wir stechen einen Quader aus, der bei leichtem Schütteln auf der Schaufel sofort in sich zusammenfällt, wenn wir es mit Lockerschnee zu tun haben. Auch im 30° bis 35° geneigten Gelände könnte man dann durch 30 bis maximal 50 cm tiefen Neuschnee abfahren. Im gepackten Neuschnee wäre dies hingegen gefährlich, insbesondere dann, wenn er durch eine Lockerschneeauflage getarnt ist oder sich eine eingeschneite harte Gleitschicht, z. B. Schmelzharsch, darunter befindet (vgl. Seite 53–54).

Wenn wir Zweifel haben oder sich die Hangexposition ändert, hilft uns wiederum die schon beschriebene «Norwegermethode» (vgl. Seite 103). Sie ist nicht zeitaufwendig, bietet ein zusätzliches Kriterium der Gefahreneinschätzung, ohne daß man sich auf sie allein verlassen sollte.

Ist der Hang nach reiflicher Überlegung und aufgrund der Norwegermethode sowie in Kenntnis des Rutschkeil-Testergebnisses der Vorbereitungsphase oder Rast (vgl. Seite 64, 105) als *lawinensicher* erkannt, steht dem Skivergnügen nichts entgegen.

Stufen wir ihn als *lawinengefährlich* ein, darf er auf keinen Fall befahren werden! Nur in extremen Notlagen kann es einen Verstoß gegen dieses Prinzip des Selbsterhaltungstriebes geben, und dann riskieren wir eindeutig das Leben.

Muß das Gelände als *lawinenverdächtig* angesehen werden, was keinesfalls rein gefühlsmäßig eingeschätzt werden darf, sollten wir es bei Nebel, der eine optimale Routenwahl verhindert, nicht befahren. Bei guter Sicht ist dies möglich, doch fährt man dann mit angezogenem Anorak, mit geöffneten Fangriemen und Stockschlaufen, mit gelöstem Bauch- bzw. Brustgurt des Rucksacks.

Unter folgenden Voraussetzungen kann selbst im lawinenverdächtigen Gelände eigentlich nichts passieren:
- Leebereiche meiden – auch nur kurze Steilhänge, die man gerne unterschätzt oder gar übersieht!
- In windverblasenen Zonen schneegefüllte Bodenvertiefungen meiden!
- Hangrücken und Bergrippen bevorzugen!

Zweifellos eine Traumabfahrt (links)! Aber wer einen so steilen und langen Hang befahren will, der sollte wissen, daß dies nur selten – unter Umständen nicht einmal jedes Jahr – möglich ist. Sämtliche Risikofaktoren müssen nach menschlichem Ermessen ausgeschlossen sein! Denselben Berg unter anderen Bedingungen hinunterzuschwingen, das kann den sicheren Tod bedeuten. Rechts erkennen wir am Licht-Schatten-Spiel die sich genau über der «Direttissima» erstreckende Anrißstirn eines riesigen Schneebretts. Kein Verschütteten-Suchgerät hätte da etwas geholfen.

Drei nur vermeintlich grundsätzliche Alternativen am Cavradi (2611 m): die sichere Abfahrt über die Rippe (_ _ _) und ein fast 40° geneigter Grashang (......). Lediglich bei sehr günstigen Schneeverhältnissen darf von der zweiten Möglichkeit Gebrauch gemacht werden. Dies ist nicht oft der Fall, während die Rippe fast immer mit einem guten Gefühl befahren werden kann.

● Bereits angerissene Hänge mit «Fischmäulern» in der Zugzone, die auf einen Spannungsabbau hindeuten, wählen – sofern es sich nicht um Naßschnee handelt!

● «Ansägende» Querfahrten inmitten des ungegliederten Hanges unterlassen! Schrägfahrten notfalls ganz oben ansetzen, damit sich die Schneemassen unterhalb des Fahrers befinden!

● Grundsätzlich Abstände von mindestens 20–30 m einhalten! Diese Abstände nicht zu früh aufgeben! Beibehalten! Dabei aber nicht alle in derselben Spur fahren, um die Schneedecke nicht durchzuschneiden.

● Fahrwucht, d. h. scharf gezogene Schwünge, vermeiden! Ausstemmen! «Zartes» Stemm-Umsteigen belastet die Schneedecke viel weniger als ein sportlicher Schwung oder ein Sturz. Also: Keine langen Querfahrten in riesigen Schneefeldern, aber auch kein dynamisches Kurzschwingen, sondern Stemmbogen an Stemmbogen reihen! Kontrolliert fahren!

● Entweicht aus der Schneedecke hörbar Luft, bricht oder reißt sie ein: Sofort anhalten und einzeln aus dem Hang fahren!

Hier noch zwei wichtige Grundsätze, die besonders hervorgehoben werden sollen:

(1) Übe als Mitglied einer Gruppe niemals psychischen Druck aus, wenn sich Teile derselben oder ihr Führer aus Sicherheitsgründen gegen das Befahren bestimmter Hänge aussprechen. Leichtsinn hat mit Dummheit mehr gemeinsam als mit Mut (vgl. Seite 12–14).

(2) Abfahrtsrausch und Zielnähe trüben nicht selten den Blick für die Gefahr. Sei dir dessen stets bewußt – von den ersten euphorischen Schwüngen bis hinunter in den letzten Hang, den nahen Biergarten schon vor Augen!

Abfahren am Seil

Bei der Abfahrt empfindet man das Seil natürlich als doppelt so lästig wie während des Aufstiegs, aber es gibt eindeutige Kriterien, wann unbedingt anzuseilen ist (vgl. Seite 108). Oft kommen die Retter nur sehr mühsam an seilfrei abgefahrene und eingebrochene Skitouristen heran – gerade bei häufig (völlig zu Unrecht) verniedlichten schmalen und damit besonders heimtückischen Spalten. Das Opfer rutscht (im schlimmsten Fall sogar kopfabwärts) durch die Körperwärme und die Atembewegungen des Brustkorbs ständig tiefer.

Hütte «Grands Mulets» (3051 m) am Fuße des Mont Blanc (4807 m): «O Gott, die vielen Seilschaften! Schau dir an, was sich hier abspielt! Die Abfahrt durch den Gletscherbruch wird ewig dauern. Laß uns den Glacier des Bossons seilfrei hinausfahren. Nichts wie weg hier!» — Eine gefährliche Versuchung! Man sollte ihr nicht erliegen, insbesondere nicht wie hier bei schlechter Sicht und nach Neuschneefall!

«Am 16. April brach eine Voralbergerin bei einer Skiabfahrt [vom Monte Rosa] auf 4200 Meter Höhe in eine Spalte. Sie lag in etwa 30 Meter Tiefe, horizontal mit ihren Skiern in einer Spaltenverengung eingeklemmt. Die V-Spalte hatte oben eine Breite von nur 70 Zentimeter und wurde schon in etwa 7 Meter Tiefe zusehends enger… Um Mitternacht wurde die bewußtlose, bis auf 22 Grad Körpertemperatur abgekühlte Person aus der Spalte gehoben und mittels Helikopter in eine Spezialklinik geflogen» (BERGHOLD 1988, 105).

Am besten, vor allem aber bei Nebel, schlechtem Schnee und weniger guten Fahrern, werden Stemmbogen und «Schlange» unter Führung des alpin erfahrensten Seilschaftsmitglieds, das das gemeinsame Tempo diktiert und die Spur sucht, gefahren, obwohl geübte Fahrer bei tief verschneiten Spalten und ordentlicher Sicht auf Kommando des vorausfahrenden technisch Besten auch gleichzeitig schwingen können. In längeren (wirklich) spaltenfreien Teilabschnitten empfiehlt es sich allerdings, den Sackstich kurz aus dem Karabiner auszuhängen und das Seil aufzunehmen. Niemals auffahren! Das Seil immer leicht gespannt halten! (Nur der letzte einer größeren Seilschaft kann, um den variierenden Fahrabstand etwas auszugleichen, zwei Schlingen in die Hand nehmen und die Stöcke am Rucksack befestigen.) Hinunter – und dies noch auf Skiern – ist ein Spaltensturz des Seilersten ohnehin sehr schwer zu halten, weshalb auch eine

Nur-Zweier-Seilschaft, die man beim Aufstieg wegen der stärkeren Seil-
umlenkung am Spaltenrand und wegen der Reibungsknoten im Seil ak-
zeptieren kann, bergab trotz des vergrößerten Seilabstandes immer ein
äußerst risikoreiches Unternehmen sein wird.

Niemals längs des Spaltenverlaufs entlangfahren und gerade im abschüssigen Gelände über nicht einschätzbare Schneebrücken gegebenenfalls
mittels T-Anker sichern! Niemals mit den Stahlkanten das Seil überfah-
ren! Und beim Sturz eines Hintermanns, der sofort warnend zu rufen hat,
schlagartig abschwingen!

Wildtiere und Bergwald schonen

Wildtiere überleben den Winter nur dann, wenn sie – wegen der begrenz-
ten Möglichkeit, Nahrung aufzunehmen – Energie sparen. Selbstverständlich können gesunde und kräftige Tiere des Hochgebirges, die nicht
in den Talregionen gefüttert werden wie das Rotwild, auch in dieser Höhe
bis zum Frühjahr durchhalten, aber eben nur in einem natürlichen Lebensraum, zu dem der Skifahrer nicht gehört.

Werden durch das im Gegensatz zum Aufstieg *überraschende* Auftauchen
während der Abfahrt beispielsweise Gemsen erschreckt und zur pani-
schen Flucht gezwungen, greifen sie in hohem Umfang ihre im Herbst
angeeigneten Energiereserven an. Während das Äsen nur einer Ener-
gieeinheit bedarf, kostet das Bergaufflüchten im Schnee 60 Einheiten.
Das sieht die Natur eigentlich nicht vor, d. h., im Falle häufig störender
Skitouristen sinkt die Überlebenschance der Tiere, zumal während eines
langen harten Winters.

liegen	gehen/ äsen	gehen 50 cm Schnee	flüchten ohne Schnee	flüchten bergauf 50 cm Schnee
0,75	1,0	6,0	11,0	60,0 Einheiten

Energieverbrauch der Gemse nach Untersuchungen von GEIST, MATTFELD und
MOEN (in Anlehnung an MÜNCHENBACH 1985)

Dies gilt insbesondere für die Rauhfußhühner, wie z. B. für das Alpen-
schneehuhn, das Birk- und Auerwild, die bereits auf der «Roten Liste»
vom Aussterben bedrohter Tiere stehen. Um möglichst wenig Energie zu

verbrauchen, hält sich z. B. das Schneehuhn nur wenig – dann aber leider gerade zur Firnzeit gegen 10 bis 12 Uhr und nochmals kurz nachmittags – außerhalb seiner wärmenden Schneehöhle auf und bewegt sich fast ausschließlich zu Zwecken der Nahrungsaufnahme. Wird es aufgescheucht, kostet dies Fluchtenergie, Erregungsenergie und Aufheizenergie beim Verlassen der alten oder gar beim Anlegen einer neuen Schneehöhle in der weit kälteren Außenluft.

Mit der Skitourenzeit fällt im Frühjahr auch die Balzzeit des seltenen Birk- und Auerwilds zusammen. Störungen können dabei die so wünschenswerte Fortpflanzung deutlich beeinträchtigen. Wie soll sich der Skibergsteiger verhalten? Der Deutsche Alpenverein rät:

- Halte dich an die im Führer bzw. in der Skikarte empfohlene Abfahrt! Darauf stellen sich Tiere zum Teil ein. Unterlasse Varianten! Nur wenige Abfahrer, die verschiedene Routen wählen, sind in der Lage, den Lebensraum von Tieren mit großer Fluchtdistanz zu zerstören.
- Meide mögliche Wildeinstände, z. B. apere Stellen (Äsung) und Hochwälder! Bevorzuge statt dessen freies Gelände ohne Felsen und Gehölz. Es bietet Tieren keine Deckungsmöglichkeit, wird von ihnen weniger gern aufgesucht. Außerdem entdeckt man sie gegebenenfalls früher, kann sich darauf einstellen.
- Fahre nie auf das Wild zu! Rufe, winke und erschrecke es nicht! Umfahre es in weitem Bogen!

Nur dann, wenn es sich um kein einsames Refugium handelt, und alle Tourenläufer dieselbe Route wählen, hier z. B. am Gran Paradiso zwischen Aostatal und Poebene den angelegten Sommerweg einer frequentierten Skihütte unterhalb des südlichsten Viertausenders, kann ausnahmsweise einmal im Hochwald abgefahren werden. Daran gewöhnt sich das Schalenwild (ebenso wie an Langlaufloipen), und das Auerwild lebt ohnehin viel zurückgezogener. Schreien und Variantenfahren zwischen den Bäumen hindurch sind jedoch unbedingt zu vermeiden.

Der sterbende *Bergwald* bedroht bereits heute die Lebensgrundlage im
Alpenraum (vgl. Seite 43–45), und die Aufforstung ist eine äußerst mühsame Angelegenheit. Diese auf Dauer einzig finanzierbare Maßnahme
des Lawinenschutzes ist erst nach drei bis fünf Jahrzehnten in der Lage,
die Stützfunktion der Stahlverbauungen zu übernehmen, d. h., insbesondere die Scherspannungen der Schneedecke in Druckspannungen umzu-
formen.

Wer durch Aufforstungsschneisen mit ihren (fast) zugeschneiten Bäum-
chen abfährt, wer Wipfel und Triebe mit den Stahlkanten abrasiert, der
handelt verantwortungslos und richtet großen Schaden an. (Das Befahren solcher Schneisen ist in manchen Ländern daher unter Strafe gestellt.) Wenn man weiß, wie schwierig es ist, im Bergwald aufzuforsten,
ihn zu verjüngen, wenn man weiß, daß Samen widerstandsfähiger
Baumsorten in den Hochregionen gesammelt und im Tal, wo es schneller und sicherer geht, hochgezogen werden, um dann als Setzling oben in
der «Kampfzone des Waldes» wieder einen Platz zu finden, dann ist
einem klar, warum das Befahren von Aufforstungsschneisen als «Wald-
frevel» bezeichnet werden muß. Unter dem Gleiten der Schneedecke,
dem immensen Verbiß durch einen unökologisch großen Reh- und Rot-

Rücksichtslose Abfahrtseuphorie? Jungwuchsflächen, Bereiche mit wenig Schnee,
wo Triebe von Zwergsträuchern oder Latschen herausragen, sollten unbedingt gemieden werden.

wildbestand, der keinen Steine, Boden und Wasser zurückhaltenden Sekundär-Schutzwald aus Sträuchern und Jungbäumen mehr aufkommen läßt, und unter der Luftverschmutzung durch Stickoxide und Schwefeldioxyd hat die Aufforstung als verzweifelter Kampf gegen Lawinen, Steinschlag und Bergrutsche schon genug zu leiden.

Oberhalb der Baumregion können wir uns eher austoben.

Der Unfall

Handeln bei Verletzungen

Jeder Skibergsteiger sollte sich auf die an dieser Stelle vorausgesetzte «Erste Hilfe» verstehen und eine kleine Tourenapotheke dabeihaben, doch gibt es keine klaren Kriterien dafür, ab wann fremde Hilfe in Anspruch genommen werden soll (darf).

Bei «normalen» Armbrüchen hilft sich eine Gruppe am besten selbst. Während bei Verdacht auf eine Wirbelsäulenverletzung in jedem Fall die Rettungswacht zu verständigen ist, gehen die Meinungen bei Beinbrüchen (wegen der Kosten) auseinander. Wer für den Verletzten allerdings das Beste will, der sollte ihn bei Unfällen weit abseits der Zivilisation nicht mit einem selbstgebauten Akja aus Skiern, Schnüren, Ruck- und Biwaksack quälen oder gar schädigen, indem er ihn stundenlang den Berg hinunterkarrt. Selbstgebasteltes kommt heutzutage (im Zeitalter der Technik und der Versicherungen) eigentlich nur noch im Notfall zum Einsatz, z. B. dann, wenn der Helikopter wegen Schlechtwetter offenkundig nicht starten können wird.

Geschafft: tausend Höhenmeter Grundschwung im hochalpinen Gelände mit behelfsmäßig geschienter, gebrochener Hand! Ein harmloser, alltäglicher Sturz mit ernsthaften Folgen. Jedem kann das widerfahren, und dann müssen die Partner wissen, was zu tun ist. In dieser Situation braucht man – sollte der (die) Verletzte gut Ski fahren und unter den veränderten Bedingungen ohne weitere Stürze hinunterkommen – keine Fremdhilfe. (Manche «Bergsteiger» geben heutzutage schon wegen Konditionsmängel im Biancograt Notsignal – ein absoluter Mißbrauch der Rettungsflugwacht!) Aber man sollte die Lage genau abwägen und sich andererseits auch nicht scheuen, bei schwerwiegenderen Verletzungen auf den selbstgefertigten Rettungsschlitten, dessen Bau im Notfall allerdings beherrscht werden muß, zu verzichten und den Helikopter anzufordern.

Die aufblasbare Arm- und Beinschiene erspart das mühsame Schienen mit Skistökken und Reepschnüren. Zumindest für Gruppen lohnt sich diese Anschaffung.

Von einer Lawine mitgerissen

Mit Glück und Erfahrung ist es standfesten Skifahrern unter Umständen möglich, durch rasendes Schrägfahren, die sogenannte «Schußfahrt», einer nicht zu großen Lawine zu entgehen. Darauf läßt man es aber besser nicht ankommen. Bei Lockerschneelawinen besteht hierfür zwar eine reelle Chance, bei Schneebrettlawinen, deren Fernauslösung möglich ist und die oft über hundert und mehr Meter blitzschnell anreißen, ist sie hingegen extrem gering, praktisch Null. Und: 90 % aller Lawinenunfälle sind Schneebrettunfälle! Für den Fall, daß es bereits zu spät ist, wird dem Erfaßten vielfach empfohlen, sich von Stöcken, Rucksack und Skiern zu befreien und sich «schwimmend» an der Lawinenoberfläche zu halten. Diese Handlungsanweisung, das muß man klar sehen, ist eher theoretischer Natur. Selbst bei kleinen Schneebrettern bilden sich schlagartig Risse in der Schneedecke. Alles beginnt ober- und unterhalb des Skifahrers zu fließen. Es reißt ihm ruckartig die Beine weg, und im Sitzen, schon halb zugedeckt, bewegt er sich bereits als Teil der Lawine talwärts. Wer sollte da noch die Fangriemen lösen und «schwimmen»?

Wer eine Skiverschraubung mit Gebrauchsanweisung kauft, der kann eine(n) Verletzte(n) im Biwaksack mit Hilfe eines behelfsmäßigen Rettungsschlittens bergen. Ohne vorausgegangenes Üben wird der Bau im Ernstfall allerdings kaum klappen.

Lebensrettend kann gegen Ende der Fließbewegung allerdings das Einnehmen einer *Kauerstellung* sein. Dies ist eher realisierbar und besonders wichtig, weil man sich so einen gewissen Atemraum vor dem Gesicht und insbesondere dem Brustkorb, dessen Atembewegungen möglich sein müssen, verschaffen kann. Zwei von drei Lawinentoten sind nämlich laut Statistik erstickt, meist durch das auf dem Brustkorb lastende Gewicht des Schnees.

Kommt die Lawine zum Stillstand, ist der Versuch einer Selbstbefreiung im allgemeinen nur dann sinnvoll, wenn Licht bis zum Verunglückten dringt. Ist das nicht der Fall, dann gilt: «Ruhe bewahren!» Obwohl sich dies geradezu zynisch anhört, ist es dem Bergsteiger vielleicht noch am ehesten möglich, seine Psyche auch in einer fast ausweglosen Situation zunächst halbwegs unter Kontrolle zu halten. Langsam atmen! Sauerstoff sparen! Wer jetzt noch lebt und ein Verschütteten-Suchgerät trägt, kann durchaus auf rasche Kameradenhilfe hoffen. Rufen nützt allerdings wenig, auch wenn die Kameraden gut zu hören sind.

Verschüttete suchen

Wegen der rasch sinkenden Überlebenschance ist sofort die Suche einzuleiten, allerdings unter Beachtung möglicher Nachlawinen. Die unmittelbare Kameradenhilfe ist entscheidend, die Rettung meist ein Wettlauf gegen die Zeit und den Tod.

Dies verdeutlicht die Notwendigkeit, ein Verschütteten-Suchgerät zu tragen und seine Handhabung vor Touren immer mal wieder ohne den Stress der realen Katastrophensituation zu üben. Nur mit diesen Geräten läßt sich der Verunglückte in kurzer Zeit orten und nur mit Hilfe einer Lawinenschaufel, die grundsätzlich am Rucksack sein sollte, auch schnell genug bergen. Mit den Händen und Skiern braucht man mindestens fünfmal länger.

Bevor wir uns nun dem Suchverfahren näher zuwenden, ist folgende Zwischenbemerkung angebracht: Das Verschütteten-Suchgerät gewährleistet lediglich das rasche Auffinden von Lebenden oder Toten. Es schützt nicht vor Lawinen und unvorsichtigem Verhalten. Niemand käme auf die Idee, nur weil er einen Sicherheitsgurt trägt, auf der Autobahn bewußt eine «Geisterfahrt» zu machen. Und die während der letzten Jahre mit Hilfe des Verschütteten-Suchgeräts erzielten Erfolge bedeuten nicht, daß

Überlebenschance
(Lebendbergungen in %)

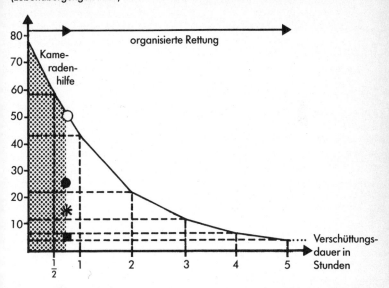

Von fast 500 Verschütteten wurde nur die Hälfte lebend geborgen. Von diesen leben aber 30 Minuten nach Lawinenstillstand noch 60 %, nach einer Stunde noch 40 %. Bereits nach zwei Stunden sind dagegen nur noch 20 % und nach drei Stunden 10 % am Leben. Daraus wird die Bedeutung der Kameradenhilfe ersichtlich. Wegen fehlender elektronischer Suchgeräte oder der Unfähigkeit, sie zu handhaben, untätig auf die organisierte Fremdhilfe warten zu müssen heißt, wertvolle Zeit in unverantwortlicher Weise verstreichen zu lassen – zumal diese Kurve der Überlebenswahrscheinlichkeit anfangs noch lebender Verschütteter nur für die durchschnittliche Verschüttungstiefe von einem knappen Meter gilt. Liegt die Chance nach 45 Minuten noch bei 50 % (○), so sinkt sie bei 1,2 m auf etwa 25 % (●), bei 1,7 m auf 15 % (∗) und bei 2,5 m auf 5 % (■) (Zahlenmaterial nach GABL/LACKINGER 1985, 157; vgl. auch JENNY 1979, 125).

auf fremde Hilfe verzichtet werden soll. Haben wir einen Verletzten geborgen, kann es um Minuten gehen. Dann hängt es ganz entscheidend davon ab, wann der Helikopter mit dem Arzt eintrifft. Stehen daher genügend Kameraden für die Suche zur Verfügung und sind mehrere Skifahrer der Gruppe verschüttet, ist es oft sinnvoll, am besten zwei Gruppenmitglieder mit Beginn der Suche oder nach erfolgloser Oberflächensuche nach nicht verschütteten Ausrüstungs- und Körperteilen fortzuschicken, um die Rettung zu alarmieren (vgl. Seite 195–197).

Die Selbst- und Soforthilfe läuft folgendermaßen ab:
Schritt A: Primärsuchbereich, Suchstrategie und Fluchtweg (Nachlawinen) festlegen! Möglichst Erfassungs- und Verschwindepunkt markieren.

Schritt B: Geräte auf «Empfang»! Alle Anwesenden haben darauf zu achten, daß dies auch tatsächlich geschieht. Es sollen ja die Verunglückten unter dem Schneebrett, keinesfalls aber die sendenden Nicht-Verschütteten an der Lawinenoberfläche gesucht werden!

Schritt C: Grobsuche! Das Gerät auf die größte Reichweite einstellen (Suchbeginn z. B. 15–35 m bei ORTOVOX)! Das der Helferzahl und den Lawinenausmaßen entsprechende Suchverfahren der folgenden Abbildungen anwenden. Dabei gleichzeitig auf Ausrüstungs- oder Körperteile an der Lawinenoberfläche achten und das Suchgerät langsam in alle Richtungen schwenken (Antennenlage), um die Position des besten Empfangs zu finden. Erstempfangspunkt markieren!

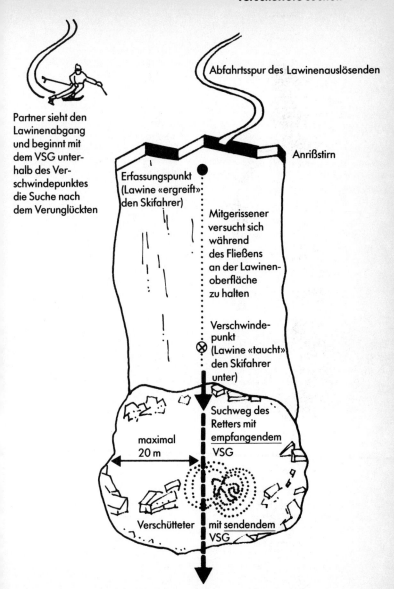

Abfahrtsspur des Lawinenauslösenden

Anrißstirn

Partner sieht den Lawinenabgang und beginnt mit dem VSG unterhalb des Verschwindepunktes die Suche nach dem Verunglückten

Erfassungspunkt (Lawine «ergreift» den Skifahrer)

Mitgerissener versucht sich während des Fließens an der Lawinenoberfläche zu halten

Verschwindepunkt (Lawine «taucht» den Skifahrer unter)

Suchweg des Retters mit empfangendem VSG

maximal 20 m

Verschütteter mit sendendem VSG

Suchweg eines einzelnen bei einer relativ geringen Lawinenbreite, die die Reichweite seines VSG nicht übersteigt (ORTOVOX: bis 40 m).

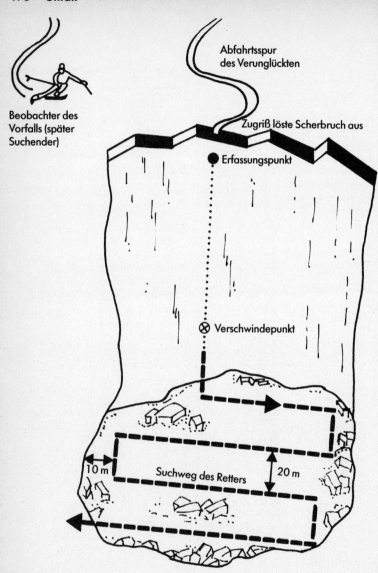

Beobachter des
Vorfalls (später
Suchender)

Abfahrtsspur
des Verunglückten

Zugriß löste Scherbruch aus

Erfassungspunkt

Verschwindepunkt

10 m

Suchweg des Retters

20 m

Suchweg eines einzelnen und sich oberhalb des primären Suchbereichs befindenden Retters bei großer Lawinenbreite.

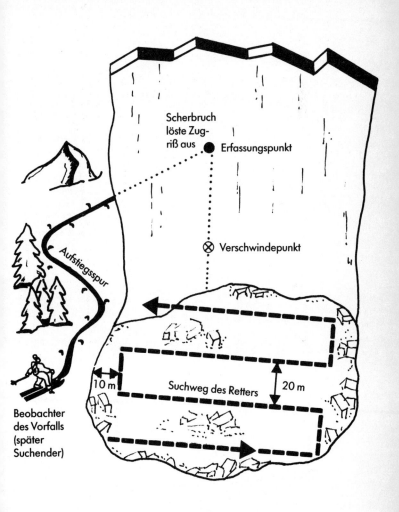

Suchweg eines einzelnen und sich weit unten befindenden Retters bei großer Lawinenbreite.

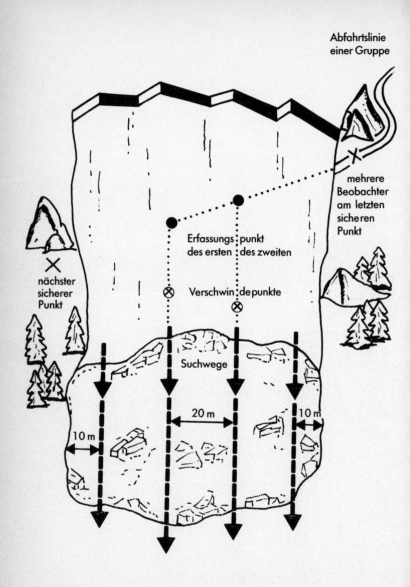

Abfahrtslinie
einer Gruppe

mehrere
Beobachter
am letzten
sicheren
Punkt

Erfassungs punkt
des ersten des zweiten

nächster
sicherer
Punkt

Verschwin de punkte

Suchwege

20 m

10 m

10 m

Suche mehrerer Retter nach zwei bei der Abfahrt Verschütteten. Fehler: Der verdächtige Hang wurde nicht gemieden bzw. nicht einzeln gequert!

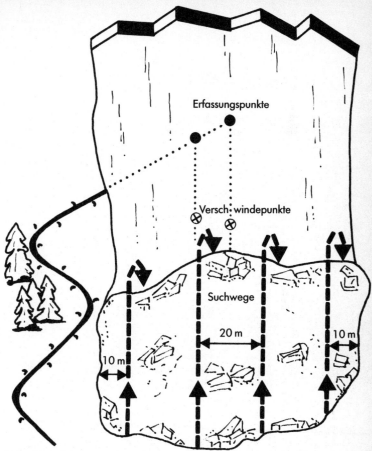

Erfassungspunkte

Versch.windepunkte

Suchwege

20 m

10 m

10 m

In der Spur nach-
folgende Gruppe
(später Sucher)
beobachtet die
Verschüttung
eines Paares

Suche mehrerer Retter nach zwei beim Aufstieg Verschütteten. Etwaiger Fehler:
Sollte der Hang als «verdächtig» erkannt worden sein, so hätte er gemieden, zumindest aber einzeln und leicht absteigend (besser leicht abfahrend) gequert werden
müssen!

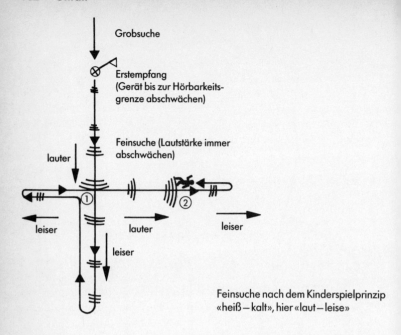

Feinsuche nach dem Kinderspielprinzip
«heiß – kalt», hier «laut – leise»

*Schritt D: Feinsuche nach Erstempfang! Der Richtung zunehmender Laut-
stärke folgen*, die nur noch vom Abstand zum Verschütteten abhängen
darf, d. h.: Das VSG jetzt nicht mehr schwenken, um den Einfluß unterschiedlicher Antennenlagen auszuschalten. Die Lautstärke bis zur Hör-
barkeitsgrenze abschwächen. Bei leiser werdendem Ton zurückgehen bis
zur lauteren Stelle. Markieren (Punkt 1)! Gehrichtung um 90° ändern.
Wird der Ton wieder leiser, entgegengesetzte Richtung gehen, der zuneh-
menden Lautstärke folgen und die lauteste Stelle bestimmen (Punkt 2).

*Schritt E: Punktortung! Das anfangs auf «Suchbeginn» gestellte Verschüt-
teten-Suchgerät ist inzwischen bis zur «Feinsuchstellung» zurückgedreht*
(bei ORTOVOX z. B. 0–2 m). Der Verschüttete ist dann exakt bestimmt,
wenn die Lautstärke in jede Richtung nachläßt. Einer sucht, die anderen
stehen mit der Schaufel bereit! Sobald irgendein Körperteil gefunden ist,
sofort den Kopf freilegen!

*Schritt F: Unbedingt alle Geräte auf «Senden», sobald der letzte Verschüt-
tete gefunden ist!*

Geborgene versorgen

Sind Gruppenmitglieder von einer Lawine mitgerissen worden, haben die Nicht-Verschütteten nach einem kurzen Blick auf die Uhr, der hinterher für die Versorgung der Geborgenen entscheidend ist, möglichst rasch die Lage zu beurteilen und überlegt zu handeln. Ist unter Berücksichtigung des Lawinenausmaßes, der Anzahl verschütteter und der Anzahl helfender Skifahrer die Frage entschieden, ob zwei Personen abfahren und die Rettung alarmieren sollen oder nicht, wird die Suchstrategie festgelegt und mit der Kameradenhilfe begonnen.

Haben wir einen Verschütteten geortet und den Liegeplatz präzisiert, ist zuerst der Kopf freizulegen sowie wiederum die Uhrzeit und damit die Verschüttungsdauer festzustellen. Während gleichzeitig nach weiteren Verschütteten gesucht und der bereits Gefundene nach Abschalten seines sendenden Verschütteten-Suchgeräts (!) vollends befreit wird, erfolgt an diesem eine *orientierende Untersuchung* (Bewußtsein, Atmung, Puls, Pupillen). Der Tod darf jedoch nur von einem Arzt und bei Unterkühlung nur in der Klinik festgestellt werden! Bis dahin ist unbedingt Erste Hilfe zu leisten, auch dann, wenn der Geborgene in keiner Kauerstellung, sondern in geöffneter Haltung gefunden wurde, Schnee in Mund und Nase hatte.

Die Art der Versorgung hängt sehr stark von der *Verschüttungsdauer* ab. Beträgt die Verschüttungsdauer weniger als 60 Minuten, liegt in der Regel keine oder nur eine leichte Unterkühlung vor (1. Stadium, 36°–34 °C Körpertemperatur), da Schnee gut isoliert und die Körpertemperatur pro Stunde um «nur» ca. 3 °C abnimmt. Voraussetzung ist allerdings, daß eine «berggemäße» Kleidung getragen, nicht etwa im T-Shirt abgefahren wurde. D. h.: Unter Umständen – nämlich bei leichter Bekleidung – haben wir es auch mit dem 2. Stadium der Unterkühlung zu tun, einer Körpertemperatur von 34°–30 °C, mit schwachem Puls, schwacher Atmung und schwachem Blutdruck. Dies äußert sich meist in einem apathischen (seltener euphorischen) Zustand.

Das 2. Stadium wird auf alle Fälle bei einer Verschüttungsdauer von mehr als einer Stunde erreicht, und beim dritten droht die Herztätigkeit aufzuhören, der Tod durch Erfrieren.

Sollen die verschütteten Kameraden reelle Überlebenschancen haben, müssen wir sie *schnell* bergen. Dies entspricht mit dem VSG in der Regel einer Verschüttungsdauer von deutlich unter einer Stunde und bedeutet unabhängig davon, ob wir fremde Hilfe angefordert haben oder nicht, daß wir die Behandlung der Geborgenen zumindest zunächst selbst in die Hand nehmen müssen.

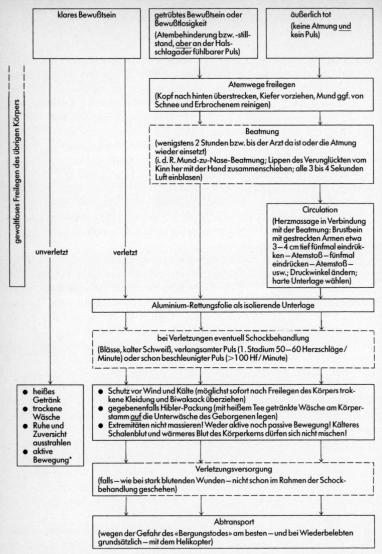

```
klares Bewußtsein        getrübtes Bewußtsein oder      äußerlich tot
                         Bewußtlosigkeit
                         (Atembehinderung bzw. -still-    (keine Atmung und
                         stand, aber an der Hals-         kein Puls)
                         schlagader fühlbarer Puls)

                         Atemwege freilegen
                         (Kopf nach hinten überstrecken, Kiefer vorziehen, Mund ggf. von
                         Schnee und Erbrochenem reinigen)

                         Beatmung
                         (wenigstens 2 Stunden bzw. bis der Arzt da ist oder die Atmung
                         wieder einsetzt)
                         (i. d. R. Mund-zu-Nase-Beatmung; Lippen des Verunglückten vom
                         Kinn her mit der Hand zusammenschieben; alle 3 bis 4 Sekunden
                         Luft einblasen)

                         Circulation
                         (Herzmassage in Verbindung
                         mit der Beatmung: Brustbein
                         mit gestreckten Armen etwa
                         3–4 cm tief fünfmal eindrük-
                         ken – Atemstoß – fünfmal
                         eindrücken – Atemstoß –
                         usw.; Druckwinkel ändern;
                         harte Unterlage wählen)
```

gewaltloses Freilegen des übrigen Körpers

unverletzt   verletzt

Aluminium-Rettungsfolie als isolierende Unterlage

bei Verletzungen eventuell Schockbehandlung
(Blässe, kalter Schweiß, verlangsamter Puls (1. Stadium 50–60 Herzschläge /
Minute) oder schon beschleunigter Puls (>100 Hf / Minute)

- heißes Getränk
- trockene Wäsche
- Ruhe und Zuversicht ausstrahlen
- aktive Bewegung*

- Schutz vor Wind und Kälte (möglichst sofort nach Freilegen des Körpers trok-
  kene Kleidung und Biwaksack überziehen)
- gegebenenfalls Hibler-Packung (mit heißem Tee getränkte Wäsche am Körper-
  stamm auf die Unterwäsche des Geborgenen legen)
- Extremitäten nicht massieren! Weder aktive noch passive Bewegung! Kälteres
  Schalenblut und wärmeres Blut des Körperkerns dürfen sich nicht mischen!

Verletzungsversorgung
(falls – wie bei stark blutenden Wunden – nicht schon im Rahmen der Schockbehandlung geschehen)

Abtransport
(wegen der Gefahr des «Bergungstodes» am besten – und bei Wiederbelebten
grundsätzlich – mit dem Helikopter)

Kameradenhilfe nach dem Auffinden eines Verschütteten (Graphik zusammenge-
stellt nach Aussagen von BERNETT / GÖTZFRIED / ZINTL 1985, GABL / LACKINGER 1985
und THOMAS 1985).

* Im Gegensatz zu THOMAS empfiehlt PHLEPS in GABL / LACKINGER den passiven Abtransport eines jeden Totalverschütteten, auch wenn es ihm gutgehe.

Genauso wie der Umgang mit dem VSG oder die Spaltenbergung müssen einige dieser Maßnahmen aber geübt sein. Im Ernstfall Beatmung und Herzdruckmassage erst ausprobieren zu müssen ist «nicht ideal» und wird von wenig Erfolg gekrönt sein. Die Erfahrung zeigt immer wieder: Sich ständig wiederholende Fertigkeiten des alltäglichen Bergsteigerlebens, wie z. B. der Halbmastwurfknoten, werden beherrscht, nur im Notfall Notwendiges aber wird allmählich vergessen. Übe solche Handgriffe daher immer mal wieder, z. B. bei «Zwangsaufenthalten» auf der Hütte nach ergiebigen Neuschneefällen!

Bei einer Verschüttungsdauer von mehr als einer Stunde ist wohl inzwischen der Arzt eingeflogen worden. Falls dies nicht geschehen ist, dann gelten für die Selbsthilfe gegenüber einer Verschüttungsdauer von unter einer Stunde die folgenden gravierenden Unterschiede:

(1) Keine Herzdruckmassage bei äußerlich Toten! Nur beatmen! Außerhalb der Klinik besteht nun keine Wiederbelebungschance mehr, und das verlangsamt arbeitende kalte Herz reagiert auf die Massage eher mit völligem Stillstand.

(2) Auch dann, wenn der stark Unterkühlte unverletzt und bei Bewußtsein ist, muß er gelagert werden! Keinesfalls aktiv bewegen, auch nicht passiv. D. h., daß der Geborgene lediglich eine Wärmepackung erhält, nicht umgezogen wird. Das kalte Schalenblut darf sich nicht mit dem noch wärmeren Körperkernblut des Notkreislaufs mischen!

Handeln bei Spaltenstürzen

Jeder Skitourist, der sich nicht «nur» in den nördlichen oder südlichen Kalkalpen, sondern auch im vergletscherten Zentralalpenkamm Österreichs, der Schweiz und Frankreichs bewegt (vgl. Seite 19) – und früher oder später wird dieser Wunsch einfach auftauchen –, muß die Spaltenbergung beherrschen. Während aber z. B. die Anseilknoten durch den sich wiederholenden Gebrauch in der Regel geübt sind und «sitzen», werden solche bei selten auftretenden, dann aber stressauslösenden Notfällen erforderlichen Rettungsmaßnahmen oft wieder vergessen. Das kann fatale Folgen haben. Genauso wie der Umgang mit dem Verschütteten-Suchgerät sind daher diese Handgriffe immer mal wieder zu üben. Sie dürfen kein «Buch mit sieben Siegeln» sein!

(1) Sturz in eine verschneite Spalte! Die anderen stellen sofort die Ski quer, lassen sich seitlich zurückfallen und stemmen sich dagegen. Trotzdem kann der Seilnächste nach vorne gerissen werden. Das gilt insbesondere für die Zweier-Seilschaft, die daher hinunter einen größeren Abstand als beim Aufstieg einhalten soll. Der Sturz kommt zum Stillstand, wenn die Reibung des Seiles und vor allem der so wichtigen Knoten am Spaltenrand sowie die Reibung des eventuell mitgerissenen Zweiten im Schnee die Energie des Falles aufgezehrt hat. Bei relativ kontrolliertem Bremsen in der Dreier- oder Vierer-Seilschaft den Gestürzten mit dem Anseilring und durch das verlagerte Körpergewicht halten, nicht etwa mit den Händen am Seil.

(2) Kontaktaufnahme mit dem «Verschwundenen». Zustand? Zusammen mit der Anzahl der Seilschaftsmitglieder ist er für die Art der Bergung entscheidend.

Mannschaftszug

(3) Das einfachste Verfahren: Eine Vierer- oder Fünfer-Seilschaft zieht zumindest einen Unverletzten – bevor man eine «Wissenschaft» daraus macht – mit vereinten Kräften langsam wieder heraus. Bei kleine-

Glück gehabt! Der zweite hat aufgepaßt und den Einbruch in die Spalte aufgrund seiner Geistesgegenwart und der starken Seilreibung am Wächtenrand alleine abfangen können, obwohl der dritte – erkennbar am durchhängenden Seil – schläft.

ren Seilschaften ist der Mannschaftszug, da das Seil am Spaltenrand stark einschneidet, nur dann anwendbar, wenn sich ein anderes Team dazuhängen läßt. Ansonsten greifen wir bei einem aktionsfähigen Eingebrochenen zur «Losen Rolle».

«Lose Rolle»

Sie stellt ebenfalls eine unkomplizierte und schnelle Methode dar, die physikalische Erkenntnisse nutzt, durch die Verlängerung des Zugseils und eine Umlenkung eine geringere Kraft zum Aufziehen erfordert als das direkte Herausziehen.

(3) Der sich dem Spaltenrand am nächsten befindende Retter setzt einen T-Anker, solange der hintere, was nach einem einmal abgefangenen Sturz im nicht zu abschüssigen (!) Gelände kein extremes Problem mehr ist, den Gestürzten hält. In der Zweier-Seilschaft kommen beide Aufgaben allerdings zusammen. Das ist deutlich schwieriger, für den Geübten jedoch machbar.

(4) Mit einer Prusik-Klemmknotenschlinge, die sich schon im Seil befindet oder jetzt schnell darübergelegt und durch Abbinden verkürzt wird, überträgt man die Last vom haltenden Partner durch Nachgeben vorsichtig auf den T-Anker. Aufatmen!

Der zweite hebt – durch den Nachfolgenden weitgehend entlastet – den T-Schlitz für den Anker aus.

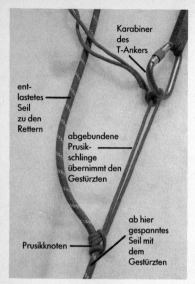

Karabiner des T-Ankers

entlastetes Seil zu den Rettern

abgebundene Prusikschlinge übernimmt den Gestürzten

ab hier gespanntes Seil mit dem Gestürzten

Prusikknoten

T-Anker und Prusikschlinge entlasten die Seilschaftsmitglieder.

Mastwurf in den Anker-Karabiner und von unten nachschieben!

Hauptseil übernimmt am Anker den Gestürzten

(am hochgeschobenen Zustand erkennbar) funktionslose Prusikschlinge

Zug

In das nun entlastete Seil zu den Rettern wird ein Mastwurf gelegt. Die spätere Bergung wollen wir nur dem stärkeren Strang zumuten; die kurzfristig so hilfreiche Prusikschlinge hat ausgedient. Sie kann fixieren, wird aber nicht der Belastung des Hochziehens eines Körpers ausgesetzt.

(5) Der Vordere legt knapp oberhalb der Fixierungs-Reepschnur mit dem ab hier nun entlasteten Hauptseil sofort einen Sackstich oder besser einen auch bei geschlossenem Karabiner verschiebbaren Mastwurf (vgl. Seite 131; keinen Halbmastwurf!), befreit sich – an seiner zweiten Prusikschlinge gesichert – vom Hauptseil und spannt das Hauptseilstück zwischen dem Klemmknoten und dem Schraubkarabiner des T-Ankers durch Nachschieben des Mastwurfs. Jetzt ist der Gestürzte direkt mit dem Seilstrang am Anker fixiert, denn die bislang gut haltende Prusik-Reepschnur könnte bei der nun folgenden Bergung überbeansprucht werden und reißen.

(6) Der Seilletzte legt die Ski ab, kommt gesichert mit dem aufgenommenen Restseil zum Zweiten nach vorne, fädelt beim T-Anker, der gut drei Meter vom Spaltenrand entfernt liegt, mit der Mitte einer offenen Reepschnurschlinge einen gesteckten Prusikknoten dort ins Hauptseil, wo es aus dem Anker-Schrauber kommt, befestigt das Ende anstelle des Hauptseils in seinem Anseilring und geht so gesichert weiter zum Spaltenrand vor.

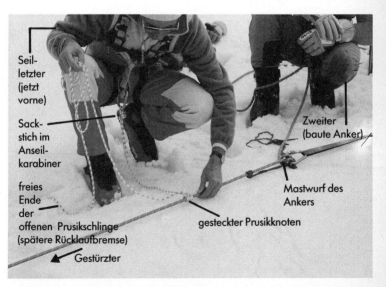

Der zweite in der Seilschaft hat den T-Anker gesetzt und den Eingebrochenen fixiert. Nun kommt der letzte mit dem Restseil vor und übernimmt den weiteren Teil der Bergung.

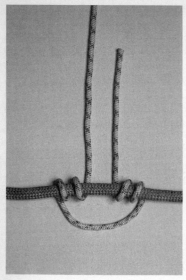
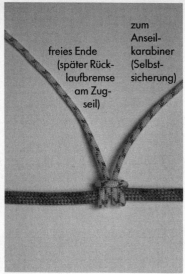

freies Ende
(später Rück-
laufbremse
am Zug-
seil)

zum
Anseil-
karabiner
(Selbst-
sicherung)

Der gesteckte Prusikknoten

Der nun ganz vorne agierende ehemalige Seilletzte läßt zu dem Gestürzten das doppelte Restseil mit einem Karabiner hinunter und legt den anderen Reepschnurschwanz der halbierten Prusikschlinge als «Rücklaufsperre» (Klemmknoten) auf das freie Ende des hinuntergelassenen Restseils, das Zugseil. Und er bringt u. U. seinen Pickel unter dem Zugseil an – mit Kurzprusik am nicht laufenden Seil gesichert. Dies verhindert das Einschneiden des Zugseils an der Spaltenwächte, die gegebenenfalls mit dem Ski unter Rücksichtnahme auf den Verunfallten abzubrechen ist.

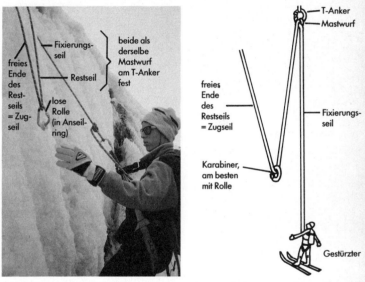

Zum Gestürzten wird ein Karabiner mit einer losen Rolle hinuntergelassen, der in den Anseilring zu hängen ist.

Links: Am Spaltenrand hängt der durch eine Schneebrücke überraschend Eingebrochene, was vorkommen kann, oder der, der bei Nebel und diffusem Licht an einer Geländekuppe aus Unachtsamkeit, was eigentlich nicht vorkommen darf, bzw. wie hier zu Übungszwecken in den Eisbruch ganz einfach hineingefahren ist. Bei einer routinierten Seilschaft sind bislang erst wenige Minuten vergangen. Das Fixieren des Verunfallten geht schnell, und richtig angeseilt (nicht nur mit Brustgurt!) ist das Hängen völlig schmerzfrei. Je nach Spaltentiefe kann es den Betroffenen allerdings psychisch «nerven». Er will «jetzt hoch»!

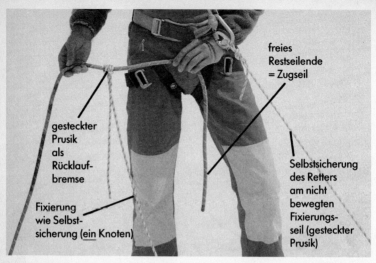

freies
Restseilende
= Zugseil

gesteckter
Prusik
als
Rücklauf-
bremse

Selbstsicherung
des Retters
am nicht
bewegten
Fixierungs-
seil (gesteckter
Prusik)

Fixierung
wie Selbst-
sicherung (ein Knoten)

Das freie Ende des Restseils (das andere ist als Mastwurf am Anker fest) sichern wir mittels eines beim gleich folgenden Ziehen mitzuschiebenden gesteckten Prusikknotens, damit der zu Bergende nicht wieder zurückfällt, wenn das nun zum Zugseil werdende Restseil dem Retter durch die Finger gleitet.

(7) Der zu Bergende hat den «losen Karabiner» des Zugseils in seinen Seilring eingehängt und versucht möglichst rechtzeitig – nicht erst oben am Spaltenrand, wenn es «kritisch» wird – die Skibindung zu öffnen. Die geliebten «Latten» sind ja am Fangriemen gesichert. Noch besser ist es allerdings, sie tiefer zu hängen, um mit den Beinen beim Überwinden des Spaltenrandes ungehindert agieren und mithelfen zu können. Der Gestürzte muß sich nachher gegen das Eis stemmen, darf sich nicht unter die Wächte zerren lassen.

(8) Die oberen ziehen am freien Restseilende, indem sie das vordere Bein im Knie stark beugen und dann strecken, gleichzeitig noch den nach vorne-unten geneigten Rumpf aufrichten. Der große Gesäß- und Oberschenkelmuskel hat in Verbindung mit dem Rückenstrekker die meiste Kraft. Mit den Armen allein tut man sich sehr schwer! Der Gezogene hilft mit, greift aber nicht in das «laufende» Seil, sondern in den Strang, an dem er bisher unten hing. Nach jedem Hub, also bei jedem Wiederabbeugen, wird oben die Rücklaufsperre wieder Richtung Spaltenrand geschoben. Sie dient der Sicher-

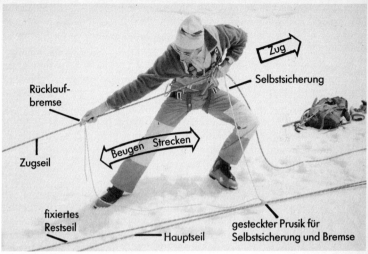

Rücklauf-
bremse

Zug

Selbstsicherung

Beugen Strecken

Zugseil

fixiertes
Restseil

Hauptseil

gesteckter Prusik für
Selbstsicherung und Bremse

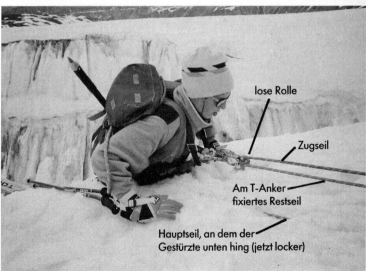

lose Rolle

Zugseil

Am T-Anker
fixiertes Restseil

Hauptseil, an dem der
Gestürzte unten hing (jetzt locker)

Gleich ist es soweit! Der freie Mann (T-Anker-Setzer) kann das Spektakel «für die Enkel» fotografieren. (Dann hängt das obere Ende des Zugseils wie hier zum Boden.) Oder er stellt sich hinter den Ziehenden und hilft mit, wenn dieser mit der Seilreibung des Spaltenrands Schwierigkeiten hat.

heit, d. h., der Gehievte kann nicht wieder zurückstürzen, wenn das Zugseil durch die Hände rutscht, und sie ermöglicht zwischendurch ein Ausruhen. Das wird der einzelne Retter einer Zweier-Seilschaft vielleicht am nötigsten haben, doch kann die Seilreibung am Bergungskarabiner deutlich verringert werden, wenn in ihn (wie dargestellt) eine kleine Rolle gehängt wird, die man in jedem Bergsteigergeschäft erwerben kann. Das Prinzip «doppelter Weg – halbe Kraft» kommt wegen der Reibung am Spaltenrand zwar nicht ganz hin, nie aber muß man mehr als etwa zwei Drittel des Körpergewichts hochziehen können, im Mittel demzufolge um einen Zentner herum. Auch für einen allein sollte das in der Regel eine lösbare Aufgabe sein, zumal der leichtere sowieso vorne und nicht hinten zu gehen hat (vgl. Seite 114).

Schafft es ein Retter trotzdem nicht, muß der Eingebrochene mit Hilfe zweier Prusikschlingen (vgl. Seite 190) durch abwechselndes Be- und Entlasten der Klemmknoten selbst am Hauptseil hochsteigen, und bei einem nicht mehr aktionsfähigen Verletzten bleibt nur der Flaschenzug (FUCHS / HARDER 1986, HARDER / ELSNER 1987).

«Ja, wir brauchen Hilfe!»   «Nein, wir brauchen keine Hilfe!»

Hilfe holen

Auf Skitour sollte man nie allein und eigentlich auch nicht nur zu zweit gehen. Dann ist folgende Forderung einlösbar:
Der Verletzte darf nicht allein zurückgelassen werden!
Schützt ihn gegen Unterkühlung, am besten durch eine Rettungsdecke!
Strahlt ihm gegenüber – auch wenn dies innerlich vielleicht nicht der Fall ist – Zuversicht und Ruhe aus!
Zwei Gruppenmitglieder holen Hilfe; denn steht einer, ohne daß man es merkt, unter Schockeinwirkung, begeht er unterwegs unter Umständen Fehler oder verunglückt selbst.

Da es von großem Nutzen ist, wenn die Rettungsstelle, die vom ersten Telefon aus zu erreichen versucht wird, bereits bei der Benachrichtigung wichtige Informationen für die Bergung erhält, man selbst aber in der Aufregung Wichtiges vergißt, empfiehlt es sich, bei jeder Tour ein vorbereitetes *Formular* in Plastikfolie dabeizuhaben. Auf seine Rückseite schreibt man am besten die wichtigsten Notrufnummern.

UNFALLMELDUNG

Meldestelle: Maighelshütte (Funk) oder "Rheinquelle" Tschamut

Art des Unfalls

Absturz   ( )
Steinschlag   ( )
Blitzschlag   ( )
Lawinenunfall   ( )
Sonstiges: Skiunfall auf Tour
Art der Verletzung: Offener Beinbruch am
redten Oberschenkel

Unfallzeit 10.30 Uhr   Datum: 28.3.1990

Unfallort

Bergbezeichnung: Borel
Gebietsbezeichnung: Urner Alpen Ost
Routenangabe: } Nordwestflanke, Aufstieg von
Standortbeschreibung: } der Maighelshütte
Höhenangabe: 2840 m
UTM-Koordinaten: vgl. Kreuz in der beigefügten Karte

Anzahl der Verunglückten: 1 Sportstudent, 22 Jahre

Bedingungen am Unfallort

Wer ist bereits an der Unfallstelle?   8 Skitourenläufer

Wurde schon Erste Hilfe geleistet?   Blutstillender Wund-
verband, Rettungsdecke
Wurde auch eine andere Rettung gerufen? nein

Wetterverhältnisse am Unfallort

Windrichtung und -stärke: starker SW-Wind
Sichtweite: Kalt, klar
Niederschläge: keine

Günstigste Bergungsart

Helikopter (X)   Akja ( )   Stahlseil ( )
Möglichkeit für Hubschrauberbergung: ja, wird vorbereitet

Meldender: Günter Frey, Lindiges Str. 37, D-7443 Gomaringen

BERG- UND FLUGRETTUNG

DEUTSCHLAND
Kempten	(0831) 22222
Oberstdorf	(08322) 2255
Weilheim	(0881) 4211
Garmisch	(08821) 3611
Rosenheim	(08031) 12222
Traunstein	(0861) 2222
Berchtesgaden	(08652) 4607

SCHWEIZ
Rettungsflugwacht	(01) 474747
oder	(01) 3831111

LIECHTENSTEIN
Notruf	(04175) 24455

ÖSTERREICH
Vorarlberg	(05576) 2011
Tirol	(0512) 27777
Salzburg	(0662) 44763
Steiermark	(03162) 1421
Kärnten	(04222) 43462

ITALIEN
Bozen	(0471) 978141
Bruneck	(0474) 84444
Gröden	(0471) 77222
Meran	(0473) 36666
Sterzing	(0472) 65555
Sulden	(0473) 75420

FRANKREICH
Chamonix	(050) 531689

Rückseite der vorbereiteten Unfallmeldung

Neben dieser üblichen Art der Unfallmeldung kennen wir noch das *alpine Notsignal*. Es wird zwar eher bei Kletter- als bei Skiunfällen benötigt; dennoch sollte man es grundsätzlich beherrschen:

- Hörbar (Rufen, Pfeifen) oder sichtbar (Winken mit Anorak, Stirnlampe) sind sechsmal in der Minute im 10-sec-Abstand Zeichen zu geben. Nach einer Minute Pause wiederholt sich das Ganze. Antwort erfolgt durch drei Zeichen pro Minute im 20-sec-Abstand.
- Zeichen «SOS» in den Schnee treten.
- Helikopter erhalten (wie zur Bestätigung der Unfallmeldung bei der Landeeinweisung) das Zeichen «YES» (Abb. Seite 195). Der Landeplatz ist außerdem vorzubereiten, und dem Hubschrauber nähert man sich erst, wenn die Rotorblätter stillstehen, der Pilot dies durch Zeichen wünscht. Als Zeichen dienende Biwaksäcke beschweren!

Rechtliche Besonderheiten

Auch nach einem Unfall im Gebirge stellt sich die Frage, ob er nicht hätte verhindert werden können und ob nicht jemand dafür verantwortlich sei. «Auf der Alm, da gibt's sehr wohl a Sünd!» meint dabei die *zivilrechtliche* Seite möglicher Schadensersatzleistungen, die *strafrechtliche* wegen etwaigen Fehlverhaltens und bei Lehrern zusätzlich die *beamtenrechtliche* Seite mit ihren disziplinarrechtlichen Konsequenzen.

Diese Frage der Verantwortlichkeit wird zwar insbesondere bei geprüften Führern und Skilehrern gestellt, doch scheint nach etlichen Urteilen auch für den Bereich des «freien» Bergsteigens folgender Grundsatz zu gelten: Wer mehr weiß als andere, der führt faktisch, wenn er von den anderen wegen seiner Kompetenz quasi als Führer anerkannt wird. Und wer führt, der muß sich gegebenenfalls der Frage nach der Verantwortung stellen! Nur bei gleich starken Bergsteigern ist jeder für sich verantwortlich.

Das Ausmaß der Verantwortung legt das Gericht fest. Es entscheidet, welches Können und Wissen, welche Erfahrung erwartet werden konnten und ob gegen diese fahrlässig oder vorsätzlich verstoßen wurde. Fahrlässig handelte, wer z. B. die Lawinengefährlichkeit eines Hanges hätte kennen müssen, vorsätzlich, wer sie gekannt hat und womöglich mit einer Gruppe ohne Verschütteten-Suchgerät abfuhr.

Unabhängig davon, ob es zivilrechtlich um die Kosten der Rettung geht, die bei ärztlicher Versorgung oft die Versicherungen und bei Mitgliedern meist der DAV tragen, oder um die strafrechtliche Frage der Schuld bei Unfällen mit tödlichem Ausgang, die Experten empfehlen folgendes:

«Der betroffene Führer soll direkt nach dem Unfall und bei der polizei-
lichen Vernehmung grundsätzlich nur Angaben zur Person machen. Sach-
aussagen zum Unfallhergang, die dann auch noch protokolliert werden,
können unter dem Unfalleindruck und unter Schockeinwirkung ver-
fälscht sein. Sind sie aber erst einmal schriftlich fixiert, ist später schwer
der Sachverhalt richtigzustellen. Ratsam ist auch die sofortige Beratung
durch einen alpinkompetenten Rechtsanwalt, der viele Probleme bereits
im Ansatz vermeiden kann» (SIEGERT 1984, 2).

Anhang

Literaturhinweise

ALBRECHT, V./JAENEKE, M./SOMMERHOFF, G.: Alpin-Lehrplan 9, Teil Wetter. München 1983.

BAYERISCHES STAATSMINISTERIUM DES INNERN: Lawinengefahren erkennen. München 1982.

BERGHOLD, F.: Richtige Ernährung und Bergsteigen. München 1980.

BERGHOLD, F.: Sicheres Bergsteigen. München 1988.

BERNETT, P./GÖTZFRIED, K.-P./ZINTL, F.: Alpin-Lehrplan 8. Erste Hilfe – Bergrettung. München 1985.

BREHM, W.: Skifahren. Reinbek 1986.

DEUTSCHER ALPENVEREIN: Grundsatzprogramm des deutschen Alpenvereins zum Schutz des Alpenraums. München 1977.

DEUTSCHER APLENVEREIN: Hallo Kumpel. München 1977.

DEUTSCHER ALPENVEREIN: Alpine Methodik. München 1979.

DEUTSCHER ALPENVEREIN: Sicherheit in Firn und Eis. München 1984.

DEUTSCHER ALPENVEREIN: Der Bergwald stirbt. München 1985.

DEUTSCHER ALPENVEREIN: Gruppen im Gebirge. München o. J.

DEUTSCHER ALPENVEREIN: Alpine Ausbildung. Eis, Fels, Ski. München 1989.

DEUTSCHER ALPENVEREIN/DEUTSCHER SKILEHRERVERBAND: Schach dem Lawinentod. München o. J.

DEUTSCHER ALPENVEREIN/ÖSTERREICHISCHER ALPENVEREIN: Die Alpenvereinshütten. München 1979.

DUMLER, H.: Vorsicht Lawinen. München 1974.

EBERTSEDER, A. W.: Gesundheit und Bergsteigen. München 1977.

EIDGENÖSSISCHES INSTITUT FÜR SCHNEE- UND LAWINENFORSCHUNG: Schnee und Lawinen in den Schweizer Alpen. Winter 1980/81. Davos 1982. Winter 1982/83. Davos 1984. Winter 1983/84. Davos 1985.

EIMERN, V., J.: Wetter- und Klimakunde. Stuttgart 1979.

FECHT, D./KOHL, G.: Schnee- und Lawinenkunde. In: ARBEITSGEMEINSCHAFT AUSBILDUNG IM SKILAUF AN HOCHSCHULEN (Redaktion SCHODER): Skilauf in Theorie und Praxis. Stuttgart 1982, 184–209.

FLAIG, W./PRACHT, E.: Silvretta-Skiführer. München 1976.

FRICK, M.: Wetterkunde. Bern 1979.

FUCHS, H.: richtig bergsteigen. München 1981.

FUCHS, H./HARDER, G.: Alpin-Lehrplan 3. Eisgehen – Eisklettern. München 1986.

FUCHS, H./HASENKOPF, A.: Alpin-Lehrplan 10. Orientierung/Alpine Gefahren. München 1983.

GABL, K./LACKINGER, B.: Lawinenhandbuch. Innsbruck 1985.

GAYL, A.: Lawinen. München 1982.

GEYER, P.: Führungstechnik. In: DEUTSCHER ALPENVEREIN: Informationen für die Lehrkräfte und Führungskräfte 2 – Oktober 1987, 28–31.

GÖTZFRIED, K.-P.: Bergrettung – Kameradenhilfe. München o. J.

GRIESSL, E.: Tourenskilauf. München 1978.

HARDER, G.: Tourenskifahren. Reinbek 1979.

HARDER, G./SIEGERT, A.: Tiefschneefahren heute. München 1976.

HARDER, G./ELSNER, D.: Bergsport Handbuch. Reinbek 1987.

HÖFLER, H.: Bergwandern heute. München 1981.

HUBER, II.: Bergsteigen heute. München 1971.

JENNY, E.: Retter im Gebirge. München 1979.

KARLSCHMIDT: Karte und Kompaß. München 1973.

KELLERMANN, W.: Skibergsteigen heute. München 1975.

KELLERMANN, W.: Sicherheit am Berg heute. München 1979.

KELLERMANN, W.: Alpin-Lehrplan 9, Teil Lawinen. München 1983.

KELLERMANN, W.: Die Norwegermethode (Schneetrapez), der Schnelltest für die Praxis. Referat bei den internationalen Kapruner Gesprächen über Sicherheit am Berg. Reit im Winkl 3.1.1986.

MADUSCHKA, L./SCHUBERT, P.: Moderne Eistechnik. München 1975.

MÜNCHENBACH, H.: Wildtiere im Winter. In: DEUTSCHER ALPENVEREIN: Informationen für Lehr- und Führungskräfte 2 – Dezember 1985, 7. Umweltschutz, 15–21.

MÜNCHENBACH, H.: Praxisnahe Lawinenkunde. In: Der Bergsteiger 1985/11, 82–85; 1985/12, 76f; 1986/1, 71–74; 1986/2, 74–76; 1986/3, 79–82; 1986/4, 81–82; 1986/5, 94–97.

MUNTER, W.: Lawinenkunde für Skifahrer und Bergsteiger. Bern 1984.

NEUBAUR, B.: Schnee- und Lawinenkunde. In: DEUTSCHER ALPENVEREIN: Informationen für Lehrkräfte und Führungskräfte – November 1988, 1–18.

PAULCKE, W./DUMLER, H.: Gefahren der Alpen. München 1973.

Skitouristen . . .

. . . sind Individualisten. Jenseits des vorprogrammierten Massenangebots der Skizentren zieht es sie in die Abgeschiedenheit der unberührten Bergwelt.

Sehr viel umfangreicher als beim ortsfesten Skibetrieb mit seiner perfekten Infrastruktur ist die Planung der Routen und die Beschaffung der richtigen Ausrüstung. Sie sind das A und O jeder zünftigen Skitour. Billig sind sie nicht zu haben.

Mit einem schmalen Portemonnaie sollte man lieber zu Hause bleiben.

RÖHLE, H.: Naturschutz und Alpinsport. Referat bei der Tagung «Alpine Vereine im Wandel der Freizeit» vom 25. bis 27. Oktober 1985 in der Ev. Akademie Bad Boll.

ROTH, G. D.: Wetterkunde für alle. München 1977.

SCHIMKE, P.: Verschütteten-Suchgeräte im Vergleich. In: BERGWELT ALPIN 1990/ 2, 58–61.

SCHNEIDER, A.: Wetter und Bergsteigen. München 1981.

SCHUBERT, P.: Moderne Felstechnik. München 1978.

SCHUBERT, P.: Alpine Eistechnik. München 1981.

SEIBERT, D.: Orientierung im Gebirge. München 1984.

SEIBERT, D.: Tourenskilauf. München 1984[2].

SEIBERT, D./GASSER, H.: Spaltenbergung. München 1971.

SIEGERT, A.: Alpin-Lehrplan 4. Skibergsteigen. München 1980.

SIEGERT, A.: Rechtsfragen – Versicherungen. In: DEUTSCHER ALPENVEREIN: Informationen für die geprüften Lehr- und Führungskräfte. München 1984, Heft 2.

SIEGERT, A.: Skitourentips. In: Bergsteiger 1985/11, 78–81; 1985/12, 80–84; 1986/1, 68–70.

STURM, G./ZINTL, F.: Alpin-Lehrplan 1. Bergwandern. München 1979.

STURM, G./ZINTL, F.: Alpin-Lehrplan 2. Felsklettern. München 1979.

THOMAS, A.: Medizinische Aspekte der Kameradenhilfe beim Lawinenunfall. In: DEUTSCHER ALPENVEREIN: Informationen für Lehr- und Führungskräfte 2 – Dezember 1985, 5. Bergrettung – Erste Hilfe, Blatt 21-25.

WALCH, D./NEUKAMP, E.: Wolken – Wetter. München 1989.

WEISS, R.: Touren-Skilauf. Innsbruck 1983.

Der Autor

Dr. Günter Frey, Jahrgang 1949, ist am Institut für Sportwissenschaft der Universität Tübingen als Akademischer Oberrat Fachleiter der Sportlehrerausbildung in den Gebieten Trainingswissenschaft, Leichtathletik, Körperbildende Übungen/Funktionelle Gymnastik und Bergsteigen. Günter Frey ist geprüfter Hochtourenführer, hat selbst zahlreiche Fels-, Eis- und Skihochtouren gemacht. Trotz häufiger Aufenthalte in den Sportklettergärten der Schwäbischen Alb und des Donautals gehört seine Liebe dem «ganzheitlichen Alpinismus» – einer Art «Mehrkampf» aus allen Spielarten des Bergsteigens.

Skisport

C 1088/4